SELMA SANTA CRUZ

Para entender PARIS

Histórias e personagens da cidade mais apaixonante do mundo

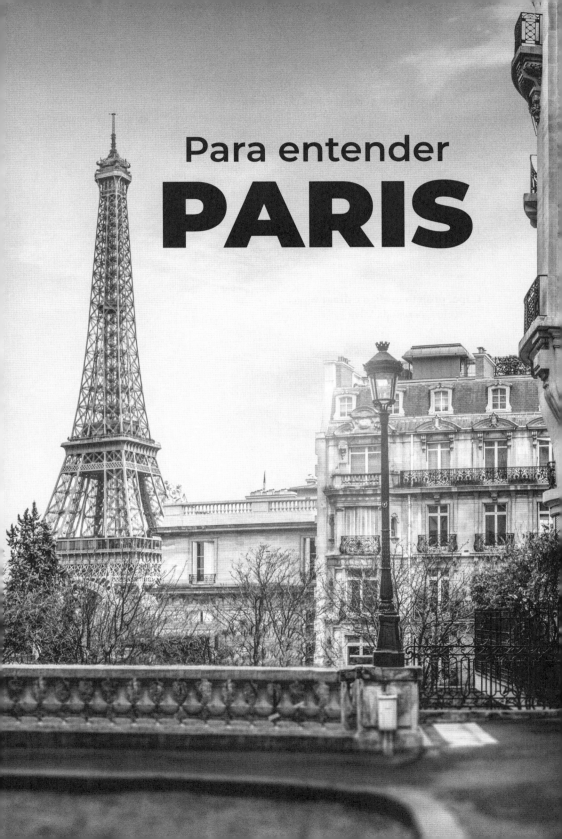

© 2021 - Selma Santa Cruz
Direitos em língua portuguesa para o Brasil:
Matrix Editora
www.matrixeditora.com.br

Diretor editorial
Paulo Tadeu

Capa, projeto gráfico e diagramação
Marcelo Correia da Silva

Revisão
Adriana Wrege
Silvia Parollo

Fotos
Shutterstock

CIP-BRASIL - CATALOGAÇÃO NA PUBLICAÇÃO
SINDICATO NACIONAL DOS EDITORES DE LIVROS, RJ

Cruz, Selma Santa
Para entender Paris / Selma Santa Cruz. - 1. ed. - São Paulo: Matrix, 2021.
224 p.; 23 cm.

ISBN 978-65-5616-122-8

1. Paris (França) - História. 2. Turismo - Paris - França. 3. Paris (França) - Civilização.
4. Paris (França) - Vida intelectual. 5. Paris (França) - Usos e costumes. I. Título.

21-73614
CDD: 944.36
CDU: 94(443.611)

Camila Donis Hartmann - Bibliotecária - CRB-7/6472

Sumário

Nota da autora 9

Introdução 13

1. Uma história de paixão e rebeldia 19

2. O Quartier Latin, o Panthéon e um amor legendário:
Abelardo e Heloísa (século XII) 31

3. A Basilique de Saint-Denis e o monge que inventou as catedrais:
o abade Suger (século XII) 41

4. A Catedral de Notre-Dame e o poeta que a salvou:
Victor Hugo (século XII) 49

5. O Louvre de Filipe Augusto: uma muralha para defender
a cidade (século XII) 61

6. A Sainte-Chapelle, relicário do rei que virou santo: Luís IX
(século XIII – 1214-1270) 69

7. Marais: o mistério dos templários e a saga dos judeus de Paris
(séculos XII a XX) 77

8. O Château de Vincennes, refúgio e prisão: Carlos V
e o terrível século XIV 85

9. O Château de Fontainebleau e Francisco I: o esplendor do
Renascimento (século XVI) 93

10. A Place des Vosges e um triângulo amoroso: Catarina de Médici,
Henrique II e Diana de Poitiers (século XVI) 101

11. A Pont Neuf e um rei sedutor, Henrique IV (século XVI) 109

12. O Palais du Luxembourg e uma italiana voluntariosa,
Maria de Médici (século XVII) 117

13. Versalhes, o palácio de Luís XIV, e as amantes do Rei Sol (século XVIII) 123

14. Os fantasmas da revolução na Place de la Concorde: Maria
Antonieta e o terror (século XVIII) 131

15. O Hôtel des Invalides e Napoleão Bonaparte: o pouso da águia
(séculos XVIII e XIX) 143

16. As Tuileries, Napoleão III e a Comuna: a transformação de Paris,
entre luxo e miséria (século XIX) 153

17. A Pont des Arts, o Museu d'Orsay e uma revolução na pintura:
os impressionistas (século XIX) 167

18. A Église de la Madeleine, D. Pedro II e uma paixão
brasileira (século XIX) 177

19. A Torre Eiffel, símbolo da Cidade Luz: entre a *Belle Époque* e os
Années Folles, as trevas da Primeira Guerra Mundial (séculos XIX e XX) 189

20. A Champs-Élysées, De Gaulle e a Batalha de Paris: ocupação,
resistência e liberação na Segunda Guerra Mundial (século XX) 203

Referências bibliográficas 217

Aos meus pais

A romântica Pont des Arts, visão deslumbrante da Cidade Luz em 360 graus

Nota da autora

A Colonne Vendôme, narrativa napoleônica inspirada na Coluna de Trajano, de Roma

O historiador Yuval Noah Harari aponta a capacidade de criar narrativas como uma das características que nos diferenciam como humanos. Ao longo dos séculos, fomos construindo versões dos fatos que nem sempre correspondem à realidade, mas acabaram se impondo como verdades. É por isso que se recomenda cultivar uma boa dose de ceticismo sobre tudo o que se conta sobre o passado. Afinal, são os vencedores que escrevem a história.

Se o alerta vale para o trabalho de historiadores, torna-se ainda mais pertinente quando são jornalistas, como eu, que se debruçam sobre a história. Como identificar o que representa de fato um registro isento dos acontecimentos em meio a diferentes narrativas construídas com viés político ou cultural?

O desafio é mais evidente em relação a períodos remotos, como a Idade Média, cujos cronistas trabalhavam quase sempre a serviço dos reis e com base nos conceitos peculiares à época. Mas se repete diante de episódios controversos da história recente, como, por exemplo, a colaboração de líderes do governo e de parte da população da França com os ocupantes nazistas durante a Segunda Guerra Mundial.

Ao longo de vários anos de pesquisa, busquei avaliar os diferentes lados de cada questão a partir de uma bibliografia abrangente, que compartilho ao final do livro. Em casos de versões conflitantes, adotei a mais consensual, e contei com a revisão de alguns bons conhecedores dos temas. O que não impede que tenham permanecido eventuais equívocos, em relação aos quais me desculpo antecipadamente.

Fica aqui meu agradecimento aos inúmeros autores de excelentes obras sobre Paris que me guiaram neste trabalho. E aos amigos e jornalistas que apoiaram a iniciativa ou me estimularam ao longo do projeto: Alan Riding, José Nêumanne Pinto, J. R. Guzzo, Marco Antônio Rezende, Ricardo Kotscho, Roberto Pompeu de Toledo e Roberto Feith. Além do editor Paulo Tadeu, da Matrix e sua equipe. Mas sou imensamente grata sobretudo ao meu companheiro de toda uma vida, Sergio Motta Mello, que abraçou a ideia com entusiasmo desde a primeira hora e contribuiu com sugestões importantes. Porque ele faz tudo parecer possível.

Vista da Île de la Cité, em meio ao Sena, um dos cartões-postais de Paris

Introdução

Arc du Carrousel, a memória das conquistas de Napoleão, no Jardin de Tuileries

N ão faltam livros sobre Paris, com as mais diferentes abordagens e em quase todos os idiomas. No entanto, a mais fascinante cidade já construída pelo homem é um tema inesgotável. Em parte, por ser praticamente impossível conhecê-la de forma definitiva, como admitem os próprios parisienses. Mas sobretudo porque o seu fascínio só se revela plenamente à medida que se conhece sua história, um manancial tão rico de personagens e episódios extraordinários que mais parece ficção. Seu mais aclamado poeta, Victor Hugo, um dos personagens deste livro, sintetizou bem esse magnetismo: "Contemplar Paris em toda a sua grandiosidade provoca vertigem. Nada pode ser mais deslumbrante. Nada mais trágico, nem mais sublime".

Um dos atrativos da cidade é o fato de seu passado pulsar nas ruas como talvez em nenhum outro lugar do mundo, graças à obstinação com que os parisienses cultivam a memória dos lugares, fazendo ecoar seus dramas e glórias em cada pedaço de chão. De forma que é possível aos aficionados de história, como eu, atravessar vários séculos, durante qualquer breve caminhada, encontrando ao longo do percurso vestígios de cada um deles. Algo que o escritor alemão Johann Wolfgang von Goethe já observava, no século XIX, quando comentou que em Paris "cada passo em uma ponte ou praça remete a um passado notável, cada esquina guarda a memória de uma parte da história".

Paris seduz ainda por sua saga prodigiosa de superação, já que se reergueu incontáveis vezes, ao longo das eras, após inúmeras revoluções, epidemias, guerras e invasões. Sem jamais perder a essência idealista que a projetou como farol de civilização para o mundo. Nesse sentido, é como se a cidade fosse uma personagem humana, heroica e inspiradora. Tanto que, em retrospectiva, o lema medieval de seu brasão parece premonitório: a imagem de um navio, símbolo da confraria dos mercadores de água do século XII, acompanhada da frase *Fluctuat nec mergitur*, ou seja, "Flutua sobre as ondas, mas não naufraga".

Um exemplo dessa resiliência é a prontidão com que os parisienses reagiram, em abril de 2019, à destruição parcial da Catedral de Notre-Dame, que eles sempre consideraram, mais do que uma igreja, o coração de sua capital e da

França. O fogo ainda ardia, com uma enorme espiral de fumaça engolfando os céus, quando eles começaram a se mobilizar para a reconstrução.

Outro emblema de superação é a pequena Chapelle Expiatoire (Capela Expiatória), um memorial em estilo neoclássico cercado de jardins, que ocupa todo um quarteirão no oitavo *arrondissement* – no exato local do antigo cemitério onde foram enterrados os corpos do rei Luís XVI e da rainha Maria Antonieta, após a decapitação de ambos na guilhotina, em 1793, durante a Revolução Francesa. Ao mesmo tempo que homenageia seus heróis revolucionários em monumentos e nomes de rua, Paris se penitencia pelos excessos de violência do período nesse templo circular, erguido durante a restauração da monarquia, no século XIX, e ornado por dois conjuntos de esculturas. Um deles representa Luís XVI ao lado de um anjo, que lhe aponta o caminho do céu; o outro simboliza Maria Antonieta sustentada pela fé.

Essa capacidade de se reerguer continuamente pode ser conferida ainda na esplêndida Salle Favart, sede do Théâtre National de l' Opéra-Comique, na Place Boieldieu, no segundo *arrondissement*, a qual substituiu outro teatro ali destruído, em 1887, por um tenebroso incêndio no qual morreram 400 pessoas. Sendo que este, como que cumprindo uma sina funesta, já fora construído, por sua vez, no lugar de outra casa de espetáculos igualmente consumida pelo fogo um século antes. Apesar desse passado soturno, o teatro foi restaurado novamente de forma primorosa, respeitando o estilo neoclássico da última construção. E a partir de 2017 voltou a congregar os amantes do canto lírico, como numa reafirmação da dimensão imperecível da arte. Assistir ali a uma das apresentações vespertinas das temporadas de primavera é um desses deleites inigualáveis e pouco conhecidos de Paris.

Mas a motivação principal desta narrativa é a vontade de compartilhar, com um olhar brasileiro, um pouco do que aprendi ao longo das cinco décadas em que morei ou passei longas temporadas nessa cidade ímpar, que transforma inescapavelmente quem se dedica a conhecê-la. Foi a reverência de Paris pela história e pela cultura, aliás, que me seduziu desde que nela pisei pela primeira vez, em meados dos anos 1970, para fazer um mestrado e trabalhar como correspondente do jornal *O Estado de S. Paulo*, junto com outro jornalista que se tornaria meu companheiro de vida, Sergio Motta Mello.

Chegamos num começo de setembro, às vésperas da popular Fête de L'Humanité, uma espécie de quermesse cultural organizada anualmente pelo então poderoso Partido Comunista Francês. E a efervescência intelectual e política da cidade, sua inesgotável oferta de livrarias e centros de debates, energizaram como um sopro de oxigênio quem vinha do ambiente sombrio e opressivo da ditadura militar no Brasil. Sem contar o impacto inebriante daquela beleza toda, valorizada pela luz do outono: a harmonia conferida pelo tom da pedra calcária das edificações; a elegância dos jardins e parques pontuados de esculturas; o romantismo inapelável dos cais do Sena. Como se manter insensível diante de uma joia gótica como a Sainte-Chapelle? Da imponência de um monumento como o Panthéon? Ou da magnificência do Palais Garnier, sede da L'Opéra de Paris?

O historiador inglês Alistair Horne expressou com perfeição essa personalidade sedutora da cidade ao compará-la a uma mulher, no prefácio de seu livro *Seven ages of Paris* (*As sete eras de Paris*): "Enquanto Londres foi revelando, ao longo dos séculos, um caráter decididamente masculino, e Nova York mantém até hoje uma certa ambiguidade, quem pode negar que Paris encerra uma alma inquestionavelmente feminina? [...] a natureza de uma mulher sexy e sedutora, mas também instável e, às vezes, temperamental demais".

Talvez seja essa fusão peculiar de amor à arte, idealismo e rebeldia que torna Paris tão singular, a ponto de cativar para sempre os que se deixam hipnotizar por ela. Um desses entusiastas foi o norte-americano Thomas Jefferson, autor da Declaração da Independência dos Estados Unidos, que passou uma temporada na cidade como representante de seu país, no século XVIII. "Se for perguntado a qualquer pessoa no mundo onde preferiria viver, ela dirá primeiro o nome de sua cidade, depois Paris", palpitou Jefferson, cuja afeição à cidade é celebrada por uma estátua em sua homenagem no Quai Anatole France, no sétimo *arrondissement*.

De lá para cá, a passagem do tempo só aumentou esse fascínio. Graças à sua arquitetura, tradições, museus, gastronomia, livrarias e capacidade de irradiar ideias para o mundo, Paris continua a simbolizar, a meu ver, o melhor que a civilização e o espírito humano conseguiram alcançar. Ao se reconstituir obstinadamente ao longo da história, preservando sua identidade fabulosa, a cidade acabou se tornando, mais do que um lugar, uma evocação poética. E para traduzir esses atributos vale recorrer novamente a Victor Hugo, que será personagem do capítulo 4, e ao seu antológico texto escrito durante a Guerra Franco-Prussiana de 1870, no qual apelou aos alemães para que cessassem os bombardeios sobre a capital: "Paris é a cidade das cidades. É a cidade dos homens. Existiu Atenas, existiu Roma e existe Paris". Quem poderia discordar?

La Convention Nationale: conjunto de esculturas no interior do Panthéon que representa a República ladeada por soldados e populares

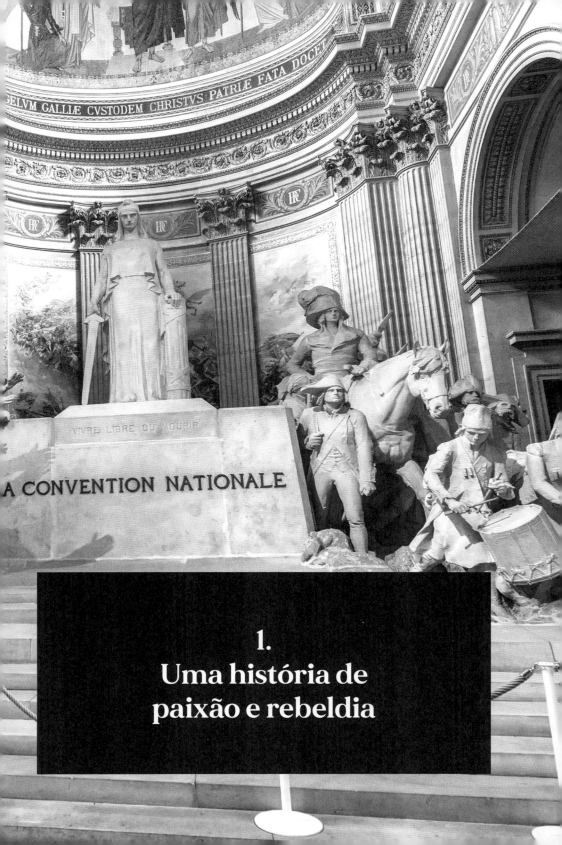

1.
Uma história de paixão e rebeldia

A escultura Le Génie de la Liberté (O Espírito da Liberdade) na Colonne de Juillet da Place de la Bastille, homenagem aos revolucionários de 1830

Não importa onde você esteja, no centro de Paris, basta fechar os olhos e imaginar. Tente ignorar o ruído dos carros e o visual das ruas, que o tempo foi desenhando e redesenhando ao longo dos séculos, para mergulhar no passado. Como se fosse possível resgatar os ecos de épocas distantes, recuperar a memória dos lugares. Testemunhar as alegrias, sofrimentos, lutas e conquistas das personalidades e anônimos que ali deixaram sua marca ao longo da história – da Paris romana, a Lutécia, até hoje, passando pela Idade Média, o Renascimento e a Modernidade.

Imagine-se escutando discursos inflamados, marchas de tropas, ribombar de canhões, ou a batida metálica dos sinos das igrejas pontuando momentos históricos. Como na trágica Nuit de la Saint Barthélemy (Noite de São Bartolomeu), em agosto de 1572, quando os sinos da igreja Saint-Germain l'Auxerrois, ali no entorno do Museu do Louvre onde hoje passeiam turistas distraídos, deram o sinal para o início de uma das piores carnificinas da história da França: o massacre de milhares de protestantes por turbas de católicos, em meio às chamadas "guerras de religião" do século XVI – as quais representavam, na verdade, embates políticos insuflados por facções da nobreza e da Igreja. Ou, quatro séculos depois, quando esses mesmos sinos badalaram, agora em conjunto com os de todas as igrejas da cidade, para celebrar a libertação de Paris da ocupação alemã, no final da Segunda Guerra Mundial.

Pense como seria deparar-se, numa virada de esquina, com personagens extraordinários e controversos, como a rainha Catarina de Médici ou os reis Henrique IV e Luís XIV, que serão temas de alguns dos próximos capítulos. Um imperador legendário como Napoleão Bonaparte e seu sobrinho e arremedo, Napoleão III, que presidiu o esplendor e as misérias do Segundo Império, no século XIX. Ou ainda Jacques de Molay, chefe da poderosa Ordem dos Templários, a confraria de cavaleiros da Idade Média que financiou reis e cruzadas e controlou grande parte da Europa.

Quando se mergulha no passado, Paris sempre se revela de um jeito novo e surpreendente. Às vezes, caminhando pela Île de la Cité, no coração da cidade, quase se pode ouvir o ruído das rodas da carroça que conduziu Maria

Antonieta da prisão da Conciergerie, ali situada, até a guilhotina, na atual Place de la Concorde. Ou o estrondo dos canhões alemães que bombardearam a cidade durante a Guerra Franco-Prussiana, em 1870, quando Paris passou quatro meses sitiada, tentando sobreviver à fome, ao frio e à peste.

Numa viagem retrocedendo no tempo, seria possível cruzar ainda com artistas como Claude Monet e Auguste Renoir, que no século XIX pintavam ao ar livre pelas ruas da cidade, para imortalizar seus encantos. Ver-se frente a frente com escritores aclamados como Victor Hugo, Alexandre Dumas ou o prolífico Honoré de Balzac, que traduziu como poucos a alma francesa em sua obra *A comédia humana*. Embora seus romances lhe tenham garantido enorme popularidade ainda em vida, ele andava sempre fugindo dos credores, razão pela qual, a certa altura, morou praticamente escondido no então distante povoado de Passy, hoje parte do décimo sexto *arrondissement*. Numa casa da atual Rue Reynard, que resistiu ao tempo, ainda se pode ver o balcão no qual ele escrevia, em pé e movido a café, as histórias que o imortalizaram.

Já na encantadora Île Saint-Louis é possível imaginar o vulto da escultora Camille Claudel, a atormentada discípula e amante de Auguste Rodin. Ela viveu e trabalhou ali, no número 19 do Quai des Bourbons, antes de ser internada pela família num hospício, onde sua imensa sensibilidade iria fenecer, qualificada como loucura, ao longo de trinta anos. Apesar de seu enorme talento, a importância artística de Claudel só foi reconhecida quase um século após sua morte, na década de 1950, quando o Musée Rodin passou a expor alguns de seus trabalhos mais expressivos, como *La Valse* ("A valsa"), *L'Âge Mûr* ("A velhice") e *La Destinée* ("O destino"). Desde 2017, a força de sua obra pode ser conferida também no museu a ela dedicado na cidadezinha em que nasceu, Nogent-sur-Seine, a 100 quilômetros a sudoeste de Paris.

Caminhar assim pelas ruas de Paris, com a sensibilidade sintonizada na história, equivale a trazer à vida, como num passe de mágica, um gigantesco afresco humano. Cenas de pessoas de todas as épocas surgindo em meio à paisagem contemporânea. Retratos em *flash* de um povo que, em luta contra a miséria e o despotismo, foi tecendo ao longo das eras, com tenacidade e paixão, o caráter único de sua cidade, pois os parisienses encabeçaram um sem-número de revoluções e guerras, que deixaram enorme rastro de destruição e sangue. Mas também fizeram avançar, ainda que lentamente e aos solavancos, a causa do humanismo e da democracia.

Esse caráter rebelde e idealista sempre impressionou o mundo e explica por que a capital francesa é considerada, desde a Idade Média, uma espécie de pátria intelectual do Ocidente. Não foi por acaso que nela floresceu o Iluminismo, movimento do século XVIII que consagrou os ideais de igualdade, liberdade e direitos individuais como pilares da civilização. Inspirados pelo trabalho de pensadores ingleses, como John Locke, Francis Bacon e Adam Smith, filósofos franceses estabeleceram o princípio da razão como fonte de legitimidade dos governantes, em contraposição ao conceito de direito divino até então dominante. E essa revolução do pensamento, liderada por expoentes como Jean-Jacques Rousseau e François-Marie Arouet, conhecido pelo pseudônimo de Voltaire, contribuiria para varrer do mapa europeu a velha ordem das monarquias absolutistas.

É certo que coube aos fundadores dos Estados Unidos da América entronizar esses princípios de forma pioneira na Revolução Americana e inscrevê-los para a posteridade em sua Constituição de 1787. Mas foram os parisienses que, dois anos depois, ao pegar em armas para fazer valer esses ideais de forma radical e estrondosa, transformaram o lema da Revolução Francesa – *Liberté, Egalité, Fraternité* – liberdade, igualdade e fraternidade – em bandeira para povos de todo o mundo.

Com essa alma intelectual e subversiva, Paris foi se moldando, assim, quase como uma nação à parte dentro da França, tradicionalmente mais conservadora do que a capital. E acabou se convertendo em pátria de adoção para seguidas levas de inconformistas das mais diversas nacionalidades. Fossem refugiados políticos – incluindo diferentes gerações de exilados brasileiros, como os imperadores Pedro I e Pedro II e os perseguidos pelas ditaduras do Estado Novo e do regime militar de 1964 –, fossem artistas em busca de ideias de vanguarda. Como o excepcional holandês Vincent van Gogh, por exemplo. Ou o genial espanhol Pablo Picasso, que pintou sua antológica *Guernica*, em protesto contra o bombardeio da cidade de mesmo nome durante a Guerra Civil Espanhola, num ateliê de Saint-Germain-des-Près, no número 4 da Rue des Grands Augustins.

Essa longa lista inclui ainda os norte-americanos que, entre as duas guerras mundiais, celebraram Paris como "uma festa em movimento", expressão cunhada pelo escritor Ernest Hemingway no título do seu famoso livro *A moveable feast* – publicado no Brasil como *Paris é uma festa*. "Se você tiver tido a sorte de viver em Paris na juventude, a cidade permanecerá para sempre em você, aonde quer que vá, pois Paris é uma festa em movimento", avisou Hemingway. E quem quer que tenha tido esse privilégio sabe quão verdadeira é a frase.

Essa vocação para o hedonismo e a cultura sempre caminhou ao lado da tradição revolucionária. Afinal, foram os parisienses que inventaram as "barricadas", há mais de cinco séculos, quando tiveram a ideia de empilhar barris de vinho para bloquear tropas de cavalaria, durante uma das muitas revoltas populares que marcaram sua história, conhecidas na Idade Média como *jacqueries*. E, desde então, eles não pararam de aperfeiçoar suas táticas de sublevação.

Os barris foram substituídos por móveis, troncos de árvores, paralelepípedos, e o que quer que revoltosos encontrassem a seu alcance nas inúmeras revoluções que conflagraram a cidade, especialmente entre 1789, data do início da Revolução Francesa, e 1871, ano da sangrenta revolta popular conhecida como Comuna de Paris (tema do capítulo 16). E ainda hoje é rara a semana em que algum grupo, descontente com alguma coisa, não desfile pelos bulevares portando cartazes de protesto e gritando palavras de ordem contestatórias, nas chamadas *manifs*, diminutivo francês para *manifestations*.

No século passado, esse pendor revolucionário voltou a explodir com estardalhaço, como se recorda, no final da década de 1960, quando um pequeno movimento de protesto de universitários da cidade de Nanterre, próxima a Paris, evoluiu para uma conflagração generalizada contra o sistema político e o capitalismo, que paralisou o país por dois meses. A rebelião, que ficou conhecida como Maio de 1968, tinha origem no mesmo caldo de contracultura que provocou, à época, várias revoltas estudantis semelhantes pelo mundo, mas acabou ganhando *status* quase mítico por seu caráter espetaculoso, utópico e anárquico. E permanece no imaginário como referência do *zeitgeist,* o espírito do tempo, por suas palavras de ordem provocantes, como "é proibido proibir" e "seja realista, exija o impossível".

Os estudantes ocuparam a Sorbonne Université, colocaram fogo no prédio da Bolsa de Valores e transformaram o Quartier Latin em praça de guerra com a polícia, além de conseguirem a adesão de milhares de trabalhadores e profissionais liberais para uma greve geral. Mas, apesar de todo o estrépito e apelo midiático, o movimento perdeu força depois que o governo, comandado pelo general Charles de Gaulle, concedeu aumentos salariais e convocou eleições antecipadas, que lhe deram expressiva vitória.

Estudantes e trabalhadores tinham interesses bem diferentes, e a chegada das férias de verão ajudou a apagar o incêndio, depois de dois mortos e quase 500 feridos.

Mais recentemente, o ânimo contestador voltou à tona na revolta dos chamados Gilets Jaunes, ou "Coletes Amarelos", grupos de manifestantes do interior do país que passaram a invadir a capital nos fins de semana para protestar contra a redução de seu poder aquisitivo com saques, quebra-quebras e ataques a policiais. "Parece que não nascemos para ser dóceis ou submissos", resume o historiador Ernest Lavisse, que fez a cabeça de seguidas gerações de franceses como autor de livros escolares.

São todas essas memórias de diferentes séculos que se sobrepõem atualmente pelas ruas, já que a cidade faz questão de relembrar a sua história o tempo todo, por todo canto. Como alguém que, por trás do brilho e da beleza duramente conquistados, se orgulhasse das marcas do sofrimento que enfrentou para chegar ao presente. Mesmo caminhando a esmo, é impossível não ser atraído por esse apelo constante, tantos são os monumentos que rememoram eventos importantes, tantas as placas pelas ruas com referências ao significado de cada lugar, indicando quem morou em determinado edifício, ou o que aconteceu em certa esquina, desde os tempos mais remotos.

Os registros mais antigos estão na Crypte Archéologique, localizada sob a praça em frente à Catedral de Notre-Dame, dando conta de populações que habitaram a Île de la Cité, no coração da cidade, desde o século IV a.C. Muito antes, portanto, de ter se estabelecido ali, cerca de 250 anos a.C., a tribo celta dos *parisii*, que, segundo algumas versões, teria dado nome à cidade. Já caminhando alguns quarteirões até o Quartier Latin, as ruínas das Thermes de Cluny e das Arènes de Lutèce testemunham a passagem dos romanos, que há dois mil anos, sob o comando de Júlio Cesar, conquistaram a vila então conhecida como Gália, que denominaram Lutécia. A tenaz resistência dos gauleses, aliás, é celebrada de forma jocosa na popular série em quadrinhos dos personagens Asterix e Obelix, de Alberto Uderzo e René Goscinny, que traduz com humor o caráter rebelde francês.

Um dos mais célebres imperadores romanos, Juliano, foi, por sinal, a primeira autoridade pública a antever o potencial de Paris, ainda no século IV. Ele se afeiçoou tanto ao vilarejo, então situado num arquipélago em meio a um rio caudaloso, hoje conhecido como Sena, que resolveu se estabelecer ali por um tempo e deixou registrado seu encantamento. "Aconteceu de eu estar acampado, naquele inverno, na minha querida Lutécia", anotou Juliano. "O rio no qual ela se encontra é regular e aprazível, belo de contemplar por suas águas límpidas, que são também ótimas para se beber. O inverno não é tão rigoroso, tanto que, mesmo nessa estação, cultivam-se vinhedos no seu entorno."

Dessa pequena Lutécia romana para a efervescente Paris atual foram tantas as voltas e reviravoltas da história que a lógica parece nos escapar. Um século depois da passagem de Juliano, foi a vez de uma jovem órfã de 15 anos, Genoveva, atrelar o seu destino ao da cidade, quando convocou os parisienses a resistir a uma invasão dos hunos. "Ajoelhem-se e rezem, eu vejo e sei que os hunos não nos invadirão", teria profetizado. A crônica da época indica que foram considerações estratégicas, mais do que preces, que levaram Átila a desviar suas hordas em direção à cidade de Orléans. Sugere ainda, de modo satírico, que o rei dos hunos, temido por liberar o estupro em territórios invadidos, teria desistido de Paris por não haver virgens em número suficiente na cidade – célebre, já naquela época, por sua tradição de libertinagem.

A determinação de Genoveva, no entanto, a alçou à santidade como padroeira de Paris. E sua vida é rememorada em uma série de afrescos no Panthéon, o majestoso memorial às personalidades da história da França situado na montanha que leva seu nome, a Montagne Sainte-Geneviève, no quinto *arrondissement*.

Paris sobreviveu, na sequência, a tantas outras invasões, cercos, guerras e revoltas, principalmente após a Revolução Francesa de 1789, que às vezes é difícil acompanhar o fio da história. Afinal, pouco mais de uma década após derrubar a monarquia e decapitar o rei Luís XVI, em meio a uma orgia fratricida de violência e sangue, os franceses acabaram coroando, em 1804, um imperador – e ainda por cima um forasteiro, o corso Napoleão Bonaparte. Esse império, porém, tema do capítulo 15, durou apenas dez anos, o tempo em que o gênio militar de Napoleão assombrou o mundo, estendendo o domínio francês a boa parte da Europa e norte da África, numa escala reminiscente da extensão do Império Romano.

Após a derrota definitiva de Napoleão, em 1815, contudo, a história deu um surpreendente passo atrás, com o restabelecimento da monarquia – o regime que fora derrubado 26 anos antes com tanta violência e a um custo tão elevado em vidas. Mas esse novo período monárquico, conhecido como

Restauração, logo acabaria também extinto, após mais uma sucessão de rebeliões populares, que inauguraram uma nova República, a segunda, a qual teve vida igualmente breve – pois acabou substituída, em mais um retrocesso, em 1851, por um novo regime imperial, o chamado Segundo Império, comandado agora por outro Bonaparte, o excêntrico Carlos Luís Napoleão, sobrinho do primeiro (ver capítulo 16).

Todas essas reviravoltas da política, ora dominada por monarquistas, ora por republicanos, explicam as sucessivas mudanças de nomes de ruas e o destino inconstante dos monumentos da cidade. Uma característica que constitui quase um capítulo à parte da história de Paris, como um quebra-cabeça que demanda tempo e paciência para ser completado.

Um dos exemplos mais impressionantes é justamente a imponente coluna erguida em homenagem a Napoleão, na elegante Place Vendôme, com o bronze dos canhões capturados durante uma de suas vitórias mais importantes, a Batalha de Austerlitz. Instalada no local ocupado anteriormente por um monumento ao rei Luís XIV, destruído durante a Revolução Francesa, ela era encimada, originalmente, por uma estátua do imperador trajado com uma toga romana. Após sua abdicação e a restauração da monarquia, no entanto, essa estátua foi substituída por um símbolo da realeza, a bandeira adornada de lírios.

A estátua voltou ao topo durante o Segundo Império, comandado pelo sobrinho de Napoleão, porém desta vez com o general portando um uniforme militar. Passados alguns anos, entretanto, acabou substituída por outra, agora representando novamente o imperador como um César romano. Até que os revoltosos da Comuna de Paris resolveram derrubar de vez o monumento inteiro, o qual foi reconstruído com uma cópia da estátua original e a aparência que conhecemos hoje, após o restabelecimento da república mais uma vez, em 1870. Essa Terceira República, por sinal, foi a primeira que a França conseguiu de fato consolidar, quase um século depois da Revolução Francesa, já que perdurou por setenta anos, até a Segunda Guerra Mundial.

Moldada por todas essas camadas de reminiscências, Paris terminou por se assemelhar a um palimpsesto, aquele tipo de pergaminho usado na Antiguidade em que se escreviam textos sobre textos. E quando se flana, atualmente, por suas elegantes ruas e praças, é difícil acreditar que ela já foi um amontoado de casebres e ruelas insalubres, por onde corriam esgotos a céu aberto e se arriscava a vida a qualquer hora do dia.

Consta, inclusive, que os que se aproximavam a cavalo, na Idade Média, sentiam o fedor da cidade antes mesmo de entrar em seu perímetro. Foi o caso de uma princesa russa, Anna de Kiev, que chegou à França em 1049 para se casar com o rei da época – um certo Henrique I –, e se queixou, em carta à família, de ter que viver "num país bárbaro, onde as casas são escuras, as igrejas horrendas e os costumes revoltantes". Outro que registrou sua decepção foi o filósofo Jean-Jacques Rousseau, após uma primeira visita, em 1742. "Havia imaginado uma cidade não apenas bela, como também ampla, mas me deparei com ruazinhas sujas, casas feias e de paredes escuras, um cheiro de imundície e pobreza por todo lado."

O que teria feito a diferença para uma metamorfose tão radical? A resposta talvez esteja no fato de Paris ter sido abençoada, ao longo dos séculos, com uma sucessão de governantes que, como veremos nos próximos capítulos, dedicaram-se a desenvolvê-la e embelezá-la de modo obstinado. A começar pelo rei Filipe II, mais conhecido como Filipe Augusto, que construiu no final do século XII a primeira grande muralha fortificada para a proteção da cidade, da qual ainda se encontram vestígios. E que incluía a torre de uma fortaleza chamada Louvre – origem do palácio e do museu que conhecemos.

A galeria de benfeitores de Paris, que serão protagonistas deste livro, inclui ainda o rei Henrique IV, construtor da impressionante Pont Neuf, onde se destaca sua estátua equestre. Luís XIV, idealizador da Place Vendôme e do Hôtel des Invalides. E os dois imperadores que sonharam transformar a cidade em uma "nova Roma", pontilhando-a de monumentos e palácios grandiosos para atestar a pujança do império francês: Napoleão Bonaparte e seu sobrinho, Luís Napoleão, que mandou derrubar milhares de casebres do caminho de rato que era o centro histórico medieval, para abrir os bulevares arborizados que fizeram a fama de Paris.

Mas o personagem mais controverso desse elenco é, provavelmente, o general alemão Dietrich von Choltitz, último comandante militar de Paris durante a ocupação nazista na Segunda Guerra Mundial. Descendente de uma família de oficiais prussianos, Von Choltitz parecia a figura ideal para cumprir sem questionamentos a ordem de Hitler para destruir a cidade, antes da retirada de suas tropas. Ciente de que qualquer indisciplina colocaria em risco sua família na Alemanha, conforme a prática do III Reich para conter atos de insubordinação, ele chegou a ordenar a instalação de explosivos na Catedral de Notre-Dame, nas pontes do Sena e em outros monumentos.

À última hora, contudo, recuou e optou por render-se sem resistência, apesar da cobrança de Hitler, que indagava por telefone se Paris já estava ardendo em chamas, segundo uma versão popularizada pelo livro *Is Paris burning?* (*Paris está em chamas?*), de Larry Collins e Dominique Lapierre.

Os historiadores divergem até hoje sobre as razões de Von Choltitz, que antes de anunciar a rendição teria passado longos momentos na sacada de seu escritório no Hotel Meurice, na Rue de Rivoli, contemplando os encantos do Jardin des Tuileries. Teria ele se negado a ordenar o acionamento dos explosivos apenas para salvar a pele, consciente de que àquela altura a guerra já estava afinal perdida? Ou não quis entrar para a história como o responsável pela destruição de uma das cidades mais deslumbrantes do mundo, um patrimônio da civilização que aprendera a amar?

A resposta talvez nunca seja conhecida. E parece, em retrospecto, irrelevante. O que importa é que, apesar de tantas e tamanhas desventuras, Paris continua viva e vibrante, para deleite de geração após geração de seus apaixonados de todo o mundo.

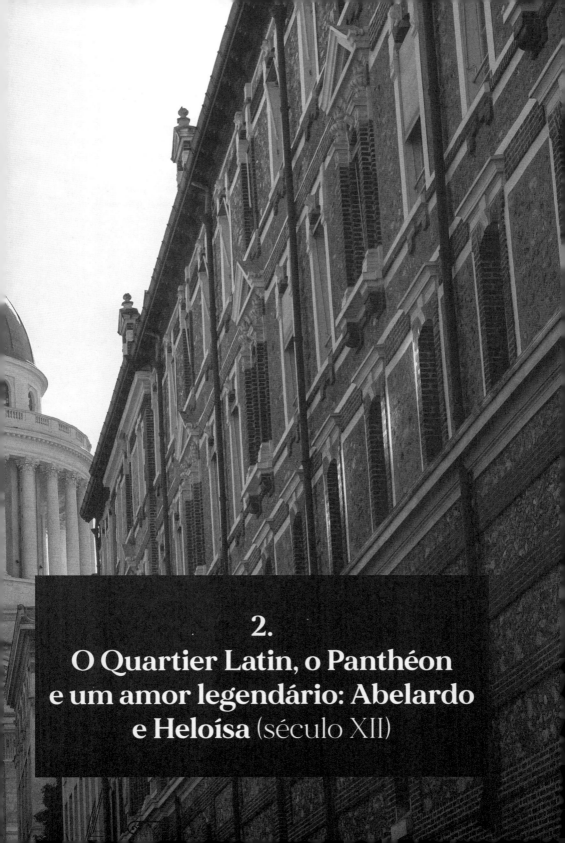

2.
O Quartier Latin, o Panthéon e um amor legendário: Abelardo e Heloísa (século XII)

Café do Quartier Latin, símbolo do espírito intelectual e boêmio do bairro

S e há um lugar que traduz com perfeição a essência e a alma parisienses, é sem dúvida o Quartier Latin, o icônico bairro que engloba partes do quinto e do sexto *arrondissements*, e onde se pode encontrar, como num caleidoscópio, vestígios da Paris de todas as épocas. Sobretudo da cidade medieval, preservada em ruelas e becos que parecem paralisados no tempo. Como os do entorno da milenar igreja Saint-Julien-le-Pauvre, antigo centro de acolhimento de peregrinos construído em torno do ano 1100 no local de um templo destruído pelos vikings. Ou o pequeno castelo do século XV, que foi sede de uma ordem monástica e hoje abriga o Musée de Cluny – Musée National du Moyen Âge, o Museu da Idade Média, cujo acervo inclui uma das obras mais emblemáticas do período: o intrigante conjunto de tapeçarias *La Dame à la Licorne* ("A dama e o unicórnio").

Numa alegoria aos cinco sentidos carregada de simbolismos, elas retratam uma jovem em meio à natureza, rodeada por animais como um unicórnio e um leão, considerados referências de pureza e coragem. Bem ao estilo do lirismo medieval, porém, o conjunto inclui uma enigmática tapeçaria adicional, que sugere a existência de um sexto sentido – supostamente o coração, como parece indicar a frase nela exibida, *Mon seul désir* ("Meu único desejo"). E é tamanha a profusão de detalhes minuciosos de flora e fauna que o efeito resulta hipnotizante, como se nos transportasse para outra dimensão, o que provavelmente explica a notoriedade e o fascínio atemporal da obra. Que mundo era aquele e o que ele nos deixou como legado?

Cercada pelo ambiente medieval do velho monastério, *A Dama e o Unicórnio* é um símbolo bastante pertinente do romantismo que até hoje caracteriza o Quartier Latin, junto com a efervescência intelectual ali cultivada desde tempos remotos pela secular Sorbonne Université e outras instituições venerandas, como o Collège de France, o Lycée Henri-IV e a Bibliothèque Sainte-Geneviève, cuja origem remonta ao século XII. Além do Panthéon, o memorial aos heróis da pátria que celebra o espírito revolucionário e cuja cúpula domina o bairro. Por isso, é quase impossível circular por ali sem se deparar com grupos ruidosos de estudantes. Sem sentir a pulsação de boêmia e o inconformismo que conferem a esse trecho da margem esquerda do Sena sua identidade inconfundível: o chamado *esprit rive gauche*.

O *Latin* que identifica o lugar remete ao momento, no primeiro século da era cristã, em que os invasores romanos da antiga Lutécia, até então concentrados na Île de la Cité, passaram a se instalar nas encostas da montanha do outro lado do rio, onde construíram termas, fórum e um anfiteatro capaz de acolher mais de 10 mil pessoas, as Arènes de Lutèce – cujas ruínas, por sinal, permanecem até hoje como marcas de sua presença.

Séculos mais tarde, durante a Idade Média, quando a região passou a ser conhecida como Montagne Sainte-Geneviève, em referência a uma imemorial abadia ali existente, o latim se consolidou como o idioma local, por ser adotado nas academias de teologia que proliferaram em seu entorno, sob a égide da Igreja Católica, e atraíam estudantes de toda a Europa. Em especial após a criação, no século XIII, da Sorbonne Université, cujo nome homenageia seu fundador, Robert de Sorbon, capelão do rei Luís IX, São Luís.

Foi por essa época, aliás, que ganhou popularidade no bairro a lenda de um romance ali vivido um século antes: o do filósofo Abelardo e sua aluna Heloísa, uma paixão tão trágica que seu fascínio atravessou os tempos. Não apenas pela resiliência desse amor, que teria resistido até a morte de ambos, a se acreditar na farta correspondência que trocaram, apesar da longa separação a que foram submetidos. Eles garantiram seu lugar na história também como filósofos, pela ousadia de contestar o misticismo e o obscurantismo do ensino da época, controlado pela Igreja Católica. Por essa razão, são considerados símbolos do renascimento intelectual que aconteceu na Paris do século XII, impulsionado pelo comércio com o Oriente, a ascensão de uma classe mercantil e a expansão das cidades.

Quem pode resistir a uma história dessas? Ou a tentar rememorá-la no lugar onde aconteceu? Há registros de que Abelardo teria chegado a Paris por volta do ano 1100, para estudar na escola da Catedral de Notre-Dame com um dos teólogos mais conceituados da época, um certo Guillaume de Champeaux. Mas acabou contestando as ideias do professor e estabelecendo sua própria cátedra no até então ainda pouco habitado outro lado do rio. Resgatando pensadores gregos, como Platão e Aristóteles, cujos textos haviam sido proibidos pelo Vaticano e relegados ao esquecimento, ele se tornou popular entre os estudantes por introduzir a lógica e o racionalismo nas discussões sobre teologia. "É duvidando que chegamos a perguntar, e é perguntando que perseguimos a verdade", preconizava. Atitude que lhe valeu uma perseguição por heresia, mas também, mais tarde, o reconhecimento como um dos pais da Universidade de Paris.

Para o historiador inglês Alistair Horne, autor de *Seven ages of Paris* (*As sete eras de Paris*), um dos melhores livros sobre a história da cidade, Abelardo foi "um verdadeiro homem da Renascença, com uma mente muitos séculos além do seu tempo". Esse vigor intelectual seria um dos atrativos que seduziram Heloísa, ela mesma erudita num tempo em que a educação era privilégio de homens, e, ainda assim, apenas os da nobreza. "Uma mulher essencialmente francesa, parisiense até o último milímetro de sua sombra, e que valia pelo menos uma dúzia de Abelardos", como a celebrou o escritor americano Henry James.

Os detalhes novelescos do romance ajudam a explicar por que seu apelo resiste ao tempo. Ela tinha apenas 17 anos quando começou a estudar com o teólogo, vinte anos mais velho, que fora contratado por seu tio, cônego de Notre-Dame, e convidado a residir na moradia de ambos, localizada ao lado da catedral, nas imediações da atual Rue des Chanoinesse. A relação teria começado platônica, em vista dos costumes da época e da condição de teólogo de Abelardo. Mas Heloísa acabou engravidando, e ele se viu obrigado a desposá-la.

Para não prejudicar sua carreira, a cerimônia teria ocorrido de forma sigilosa, e à noite, numa das capelas de Notre-Dame. Mas o subterfúgio não foi capaz de impedir o escândalo. Contrariado, o cônego se vingou mandando castrar o noivo, crime que teria ocorrido não muito longe dali, na residência do casal, alegadamente no número 9 do atual Quai aux Fleurs, na Île de la Cité, como indica uma placa no local.

Em consequência, Abelardo tornou-se monge e recolheu-se à Abbaye Saint-Denis, onde hoje se encontra a basílica e catedral de mesmo nome, ao norte de Paris. A seu pedido, embora sem vocação religiosa, Heloísa teria se resignado ao mesmo fim e terminado seus dias como abadessa em outro convento no interior da França. Não se sabe, com certeza, se os dois voltaram a se encontrar. O certo é que continuaram a se corresponder até o fim da vida, embora essas cartas tenham sido traduzidas tantas vezes, em tantos idiomas, que é difícil assegurar o que nelas permanece autêntico.

Acusado pela segunda vez de heresia por seus textos, o monge encontrava-se a caminho de Roma para fazer um apelo ao papa quando morreu, em 1142. Heloísa sobreviveu mais duas décadas e, a seu pedido, após a morte, os corpos teriam sido finalmente reunidos em um mesmo caixão. No romântico século XIX, quando o drama voltou a ganhar popularidade na mais romântica cidade do mundo, os restos mortais de ambos foram transferidos para um túmulo no Cimetière du Père-Lachaise, no vigésimo *arrondissement* – uma atração turística peculiar, que atrai milhares de visitantes todos os anos, pelo que encerra da história e do caráter de Paris.

Ali ele se destaca entre as tumbas de inúmeras personalidades de diferentes nacionalidades, épocas e perfis, que tiveram em comum seu amor pela cidade. Como o dramaturgo Jean-Baptiste Poquelin, conhecido como Molière; o escritor Honoré de Balzac; o fundador do espiritismo, Allan Kardec; o compositor Frédéric Chopin; a mítica Sarah Bernhardt, considerada uma das mais talentosas atrizes de todos os tempos; e até um roqueiro, o norte-americano Jim Morrison. Sob um dossel gótico, as figuras de Abelardo e Heloísa repousam esculpidas em pedra, um milênio após sua tormentosa paixão, tendo aos pés um cachorro, símbolo de fidelidade.

Porém, a maioria das personalidades emblemáticas da tradição intelectual e política da França é rememorada no próprio Quartier Latin, no imponente Panthéon, talvez o mais importante monumento de Paris e cuja história tumultuada, permeada de reviravoltas, parece sintetizar a da própria cidade. A edificação foi concebida originalmente em 1755, como uma igreja dedicada à padroeira de Paris, Sainte Geneviève, em cumprimento a uma promessa feita pelo rei Luís XV, em troca de uma cura. A proposta era substituir o modesto santuário medieval onde se cultuavam as supostas relíquias da santa, depois convertido à Église Saint-Étienne-du-Mont – aquela cujas escadarias aparecem com destaque no filme do cineasta norte-americano Woody Allen dedicado à cidade, *Meia-noite em Paris*.

Com carta branca para ousar, o arquiteto real Jacques-Germain Soufflot projetou um templo grandioso, em estilo neoclássico, inspirado no Panthéon da Roma Antiga, como se pode conferir numa das maquetes preservadas no local. Nos séculos seguintes, no entanto, a construção passou por um vai e volta inacreditável de transformações, à mercê das oscilações da história, para servir ao culto de diferentes deuses, conforme a disposição dos governantes de cada período. Ora o Deus dos monarquistas católicos, ora o dos heróis dos republicanos anticlericais.

Apenas um ano após a conclusão da obra, Paris foi sacudida pela Revolução Francesa, a qual, além de derrubar a monarquia e investir contra seus símbolos, aboliu a prática de qualquer religião e confiscou os bens da Igreja Católica. Pouco tempo depois, a Assemblée Nationale, órgão deliberativo do novo regime, decidiu transformar o edifício num "templo da nação", com um "altar à liberdade", depois de despi-lo de seus ornamentos religiosos. Para a jovem república francesa, o monumento deveria simbolizar o resgate da tradição democrática dos gregos e servir como convocação revolucionária para os cidadãos das monarquias absolutistas que dominavam o restante da Europa.

Segundo o decreto de fundação do Panthéon, nele seriam enterrados e reverenciados, a partir de então, apenas os heróis republicanos, como registra a solene inscrição sobre a fachada: "Aos grandes homens, a gratidão da pátria". O primeiro a merecer essa honra foi justamente um dos principais teóricos e ativistas da revolução, o escritor e conde Honoré Gabriel de Mirabeau, que apesar da origem nobre havia conquistado o epíteto de L' Orateur du Peuple ("O orador do povo"), por sua eloquência contra o despotismo.

Morto em plena revolução, Mirabeau foi enterrado com grande pompa, após um cortejo fúnebre seguido por 300 mil populares. Mas sua tumba acabou profanada um ano depois, e seus restos mortais foram lançados aos esgotos de Paris quando se descobriu que ele mantivera conversas secretas com o deposto rei Luís XVI. Pouco mais tarde, num episódio que ilustra como poucos a veneração às ideias e aos intelectuais tão característica dos franceses, os parisienses entronizaram no Panthéon um dos seus pensadores mais cultuados: François-Marie Arouet, conhecido como Voltaire.

Embora tenha falecido antes da revolução, Voltaire era considerado um de seus patronos, como expoente do Iluminismo, a escola de pensamento em defesa da liberdade e dos direitos individuais que a precedeu e impulsionou. Seus escritos mordazes contra a monarquia e a Igreja Católica lhe valeram longos períodos na prisão ou no exílio, mas também enorme popularidade. Tanto que, quando voltou a Paris, já idoso, para habitar um edifício à beira do Sena – no local cujo nome o homenageia, o Quai Voltaire –, era tão adulado que quase não podia circular, já que os parisienses faziam questão de tocar sua carruagem.

Dramaturgo e ensaísta irreverente e prolífico, que deixou cerca de 70 obras publicadas, Voltaire conquistara o coração dos franceses por seus libelos apaixonados em favor da tolerância e sobretudo pela defesa de pessoas comuns vítimas do arbítrio dos poderosos. É compreensível, portanto, que, em 1791, após o fiasco da homenagem equivocada a Mirabeau, os líderes revolucionários tenham decidido trazer a Paris seus restos mortais, enterrados no interior, para entronizá-los no Panthéon com "as honras dadas aos grandes homens", conforme atesta o epitáfio em sua tumba.

Apenas uma década depois, entretanto, com a ascensão de Napoleão Bonaparte, que assinou uma concordata com a Igreja Católica e devolveu-lhe as propriedades confiscadas durante a revolução, o Panthéon voltou a ser Église de Sainte-Geneviève. Os maiores artistas da época foram convocados para restaurar sua ornamentação religiosa, inclusive a pintura preexistente na esplêndida cúpula em homenagem à santa, que passou a ser retratada junto com Napoleão e sua esposa, Josefina, além dos antigos reis Clóvis I e Carlos Magno.

Mas essa nova pintura também teve vida breve. A partir da restauração da monarquia, em 1815, a imagem do casal Bonaparte deu lugar à do novo rei, Luís XVIII, e de seu irmão e antecessor guilhotinado pela revolução, Luís XVI, representado ao lado da rainha Maria Antonieta. Os parisienses mal tiveram tempo de se acostumar ao novo visual, quando uma nova revolução, em 1830, colocou no poder um monarca mais liberal, Luís Filipe, o qual decidiu restabelecer a proposta laica do monumento.

Seu destino parecia, enfim, definitivamente selado. Até porque, quando Luís Filipe foi deposto, por sua vez, em 1848, o novo regime, a chamada Segunda República, reafirmou o papel da antiga igreja como "Templo da Humanidade". O que não se previu foi que o império seria restaurado poucos anos depois por um outro Bonaparte, Napoleão III. O qual não demorou a mudar, pela sexta vez, a função do edifício, que foi devolvido de novo à Igreja Católica e transformado em Basílica Nacional, a fim de acolher as relíquias de Sainte Geneviève que haviam sido transferidas para a igreja ao lado.

Foi só em 1885, com a morte do escritor Victor Hugo – ele próprio reverenciado como um patrimônio francês –, que o Panthéon renasceu de forma definitiva como monumento laico, agora requalificado como "Templo dos Grandes Homens", para abrigar seus restos mortais. A partir de então, a narrativa pictórica da vida de Sainte Geneviève passou para o segundo plano, para que a magnífica nave central e suas laterais abrigassem grandiosas esculturas que glorificam personagens e episódios da longa luta dos franceses pela democracia. Sendo que a mais impressionante é o conjunto escultórico *La Convention Nationale* ("A Convenção Nacional"), instalado no lugar do antigo altar e que representa a república triunfante, ladeada por soldados e populares.

A enorme cripta situada no subsolo passou a receber também, além de políticos e intelectuais identificados com a defesa da república, os restos mortais de expoentes das artes e do conhecimento. Por isso, percorrer suas galerias com mais de setenta tumbas e informações sobre a contribuição de cada personalidade ali enterrada equivale a um curso sobre a história da França. Lá estão os túmulos de pensadores franceses de diversas épocas, como o do filósofo René Descartes, pai da filosofia moderna e criador, no século XVIII, do método cartesiano, que postula a busca da verdade a partir do questionamento e da dedução. E também o de Jean-Jacques Rousseau, contemporâneo e antagonista de Voltaire, autor de *Du Contrat Social (Do Contrato Social)*, um clássico da ciência política por sua defesa intransigente da soberania dos povos.

No espírito democrático da república, esses luminares do pensamento repousam ao lado de autores de romances populares, como Émile Zola e Alexandre Dumas, e de ex-escravos que lideraram a luta pela abolição da escravidão nas colônias francesas. Além de heróis mais recentes, como o líder socialista Jean Jaurès, assassinado por sua campanha pacifista contra a participação da França na Primeira Guerra Mundial; e um dos principais líderes da resistência à ocupação alemã na Segunda Guerra Mundial, Jean Moulin, capturado e morto sob tortura.

A cripta abriga ainda os restos mortais de personalidades que deixaram um legado mais abrangente para a humanidade, como Louis Braille, inventor do alfabeto para cegos, e Marie Curie, física polonesa responsável pela descoberta, com o marido francês, Pierre, do princípio da radioatividade.

Porém o local mais simbólico desse patrimônio arquitetônico e histórico é sem dúvida o centro da nave, sob a imensa cúpula de onde balança o famoso Pêndulo de Foucault, ali instalado em 1851, com o intuito de demonstrar a rotação da Terra. Embora o pêndulo monopolize as atenções da maioria dos turistas, muitos preferem sentar-se em silêncio em alguns dos bancos ali dispostos para absorver a atmosfera solene do espaço. Tão sacra, na verdade, quanto a de uma igreja, já que o Panthéon não enaltece apenas o árduo combate dos franceses, através dos tempos, para construir a nação igualitária e livre com que sonharam. Glorifica o valor supremo da civilização frente à barbárie – em qualquer tempo e lugar.

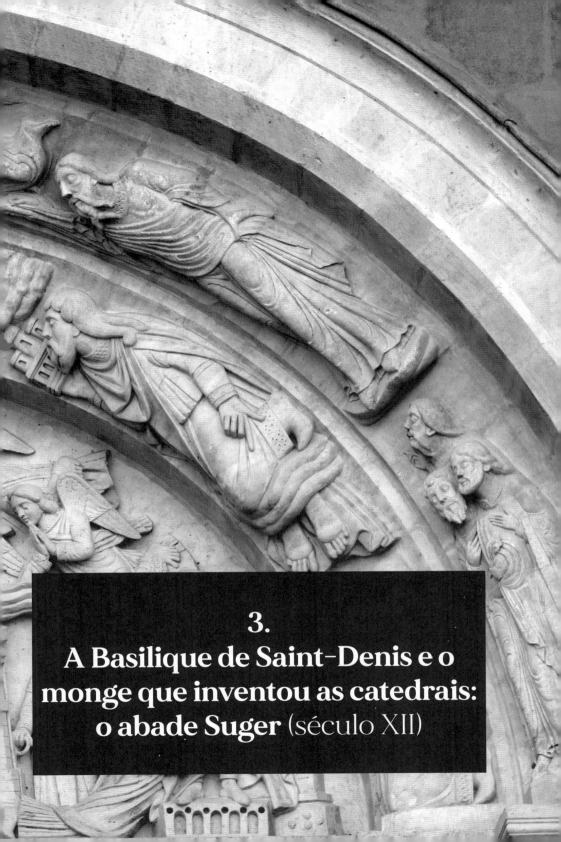

3.
A Basilique de Saint-Denis e o monge que inventou as catedrais: o abade Suger (século XII)

O s turistas que viajam pela linha 13 do metrô até Saint-Denis, cinco quilômetros ao norte de Paris, são atraídos geralmente pelo Stade de France, o maior estádio de futebol e principal arena de espetáculos do país. A maioria ignora que sua vizinhança encerra um valioso patrimônio da França e da humanidade: a Basilique de Saint-Denis, uma das primeiras construções góticas do mundo, que é também a necrópole real francesa, onde estão preservados os túmulos de nada menos do que 72 monarcas. Desde o primeiro deles, Clóvis, que se converteu ao cristianismo no século V, até o penúltimo, Luís XVIII, falecido em 1824. São, portanto, quatorze séculos de história.

Poucos têm ideia da importância de Saint-Denis e de seu pioneirismo no emprego dos vitrais, que se tornariam padrão das catedrais da Idade Média. Em parte porque, até algum tempo atrás, ela se encontrava bastante degradada, com as paredes enegrecidas e o interior sombrio. Após uma série de restaurações, contudo, hoje a basílica resplandece como joia medieval, e visitá-la vale como uma viagem fascinante no tempo. Além de uma aula de História da Arte, já que o percurso dos jazigos não informa apenas sobre a sucessão de monarcas ao longo dos séculos, mas ilustra como a representação humana na escultura fúnebre foi se transformando através dos tempos.

Esse roteiro artístico começa pelos *gisants*, estátuas que adornam as sepulturas mais antigas, e nas quais reis e nobres eram retratados deitados, sem expressão nem traços particulares, já que o conceito de indivíduo era então praticamente inexistente. Só aos poucos, à medida que se evolui no percurso, as esculturas vão ganhando mais detalhes, não apenas com o propósito de identificar os falecidos, depois que se adotou o uso de máscaras mortuárias, mas também como recurso para registrar para a posteridade fatos relevantes sobre suas vidas.

Como que compondo narrativas em pedra, cada elemento acrescenta um significado específico, em especial no que se refere à presença de animais esculpidos aos pés do morto. Os cães, por exemplo, aparecem em geral nas tumbas de personagens femininas, como símbolo de fidelidade.

Já os leões são mais frequentes nas masculinas, a fim de representar coragem e força, ou informar que a pessoa morreu em combate. Mas os escultores incluíam também figuras de ursos, cordeiros, pombas e falcões, cada uma com seu simbolismo próprio, para homenagear os mortos.

Como na Idade Média havia o bizarro costume de enterrar os cadáveres reais em separado das vísceras e do coração – para retardar sua deterioração, promover o culto à memória do falecido e demonstrar a extensão do seu poder –, alguns símbolos tinham ainda o objetivo de informar o conteúdo dos túmulos. Nos chamados *gisants de d'entrailles,* por exemplo, que contêm entranhas de um morto, este é representado carregando nas mãos um pequeno saco. Já um coração esculpido junto à mão esquerda indica um *gisant de coeur,* onde foi encerrado um coração. Em Saint-Denis, porém, a maioria das sepulturas constitui *gisants de corps*, do tipo destinado a corpos.

Nos elaborados sepulcros reais da Renascença, que mais parecem pequenas capelas repletas de estátuas, os simbolismos são ainda mais detalhados. Na maioria deles, os casais são representados em dois andares: no primeiro, com seus corpos deitados, despidos e retratados realisticamente, de forma até chocante, como cadáveres; no segundo, em contraste, mostram-se vestidos, ajoelhados e com as mãos postas em oração, como se estivessem se apresentando diante de Deus.

Uma exceção é o esplêndido monumento nos moldes de um templo, revestido de diferentes tons de mármore ao estilo italiano da Renascença, que foi concebido pela poderosa rainha Catarina de Médici, no século XVI, para si e seu esposo, Henrique II, falecido anteriormente. Por considerar o primeiro projeto apresentado excessivamente sinistro, Catarina encomendou uma segunda proposta, na qual ela e o marido são representados apenas de forma enaltecedora, ajoelhados serenamente, lado a lado, num espaço nobre da imensa nave de Saint-Denis. Uma versão idealizada da conturbada relação de ambos, que será tema do capítulo 10.

Para os católicos, a basílica tem ainda uma relevância adicional, por estar situada no local onde teria sido enterrado, no século III, por volta do ano 250, o corpo do padroeiro de Paris, Saint-Denis. Segundo a lenda, ele teria caminhado até ali carregando nas mãos a própria cabeça, após ser decapitado por recusar-se a negar a fé católica, episódio supostamente ocorrido no bairro boêmio hoje denominado Montmartre – cujo nome seria uma corruptela de Mont des Martyrs, ou Monte dos Mártires.

Esse Saint-Denis, segundo historiadores, é provavelmente um mito, resultante da fusão de três diferentes religiosos da Antiguidade. Mas o fato é que o santuário ali erguido em sua homenagem, por volta do século V, transformou-se na Idade Média em uma das maiores e mais poderosas abadias de toda a Europa, a Abbaye de Saint-Denis. E foi alçada à referência da arquitetura gótica graças a outro religioso, este de existência bem comprovada: um monge baixinho e de aspecto doentio, mas dono de inteligência e energia excepcionais, que ficou conhecido como abade Suger.

Suger é um personagem admirável, cuja notoriedade se deve em parte ao fato de ser considerado "o pai das catedrais góticas". Para muitos historiadores, ele é também "o pai da monarquia francesa", graças a seu papel na consolidação do conceito de estado-nação governado por um rei, além de ser reconhecido como figura-chave na renascença intelectual que marcou o século XII em Paris. Filho de camponeses, em um tempo que praticamente não existia mobilidade social, ele conseguiu ser educado pelos monges da Abadia de Saint-Denis ao impressioná-los por sua precocidade intelectual. Estudioso e disciplinado, acabou se tornando não somente abade, mas também diplomata, cronista da época e conselheiro de dois reis – Luís VI e Luís VII –, tendo inclusive atuado como regente da França durante a participação deste último na Segunda Cruzada da cristandade.

Parte do que se sabe sobre ele, por sinal, consta de sua autobiografia, uma das primeiras registradas na história, ao lado das *Confissões de Santo Agostinho*. Nela, ele relata seu esforço heroico para erguer Saint-Denis em apenas catorze anos, entre 1130 e 1144, a partir da velha igreja de estilo românico, dedicada ao santo, que vinha sendo ampliada desde o século V. Um feito prodigioso quando se considera que a Catedral de Notre-Dame, em comparação, levou dois séculos para ficar pronta.

O abade narra ainda como teve a ideia de usar os vidros coloridos empregados por ourives bizantinos na confecção de joias e relicários, cujo trabalho conhecera durante viagens à Itália, para enfeitar as janelas da sua catedral. E assim teria inventado os vitrais. O objetivo era propiciar o acesso da luz ao interior sombrio típico das igrejas da época, com os tetos baixos e as paredes espessas do estilo românico, razão que o levaria a inventar também a rosácea, aquela abertura redonda na fachada que se tornou característica de grande parte das igrejas católicas desde então.

Vale lembrar que esse aprimoramento só foi possível graças a uma inovação técnica anterior: o emprego de ogivas cruzadas nas abóbadas de sustentação do teto, que permitiram distribuir o peso da construção sobre pilares e arcos externos, em vez de unicamente sobre as paredes, como ocorria até então. Graças a esse recurso, foi possível reduzir a espessura dos muros, a fim de recortar janelas para a inserção dos vitrais.

Mas Suger soube explorar ao máximo as possibilidades artísticas da novidade. Em Saint-Denis, eles parecem circundar magnificamente todo o espaço, alguns no alto, outros nas laterais da nave, como que abraçando o altar onde ficam as supostas relíquias do santo e de outros dois cristãos que teriam sido martirizados com ele. Essa configuração propicia uma experiência quase mística nos dias ensolarados, quando a luz projeta no solo reflexos coloridos, que se movem com o passar das horas e das nuvens.

Antes de Suger construir Saint-Denis, as relíquias ficavam confinadas na cripta arqueológica do subterrâneo da antiga igreja, uma espécie de caverna repleta de sarcófagos de eras que se perdem no tempo, onde atraíam milhares de peregrinos. Ao transferi-las para a catedral, ele encomendou um enorme relicário, bem maior e mais precioso do que o anterior, e instalou-o propositalmente numa posição central, no exato ponto onde os reflexos vindos dos vitrais se cruzam no chão, para causar a impressão de que uma luz divina ali se fazia milagrosamente presente.

Para produzir tamanha quantidade de vitrais, o abade precisou importar joalheiros do Oriente e enfrentar os críticos, que consideravam tudo aquilo um luxo inapropriado para um templo. Mas, apesar da sua formação monástica, ele tinha alma de esteta. Argumentou que a contemplação do belo e o efeito da luz multicolorida contribuiriam para elevar as almas a Deus. E mandou reproduzir cenas de narrativas bíblicas nos vitrais para cultivar a religiosidade do povo analfabeto da época.

Já a rosácea instalada sobre o pórtico principal, no alto da fachada, além de favorecer a entrada da luz, simbolizava o olho de Deus, como se iluminasse a figura do rei, já que era ali, no alto do mezanino, que este se colocava durante as cerimônias religiosas. O objetivo era glorificá-lo como um ser acima dos mortais, com os raios de luz formando uma aura em seu entorno, para reforçar o conceito do direito divino ao trono – o que atualmente consideraríamos um hábil estratagema de marketing político, já que os monarcas da época, eleitos pelos demais nobres, ainda lutavam para legitimar o conceito de dinastia e a transferência hereditária do poder.

Consta que, para financiar a obra que o obcecava, Suger teria chegado a falsificar os arquivos da abadia e reinterpretado a lenda de Saint-Denis segundo sua conveniência, a fim de engrossar as multidões de peregrinos e engordar o caixa das doações. Suspeita-se, ainda, que teria sido ludibriado pelos joalheiros, os quais teriam exigido safiras preciosas para produzir os raros vitrais azuis tão apreciados à época, mas empregado, fraudulentamente, pó de cobalto em seu lugar. Um desses vitrais azuis, aliás, o conjunto intitulado *L'Arbre de Jessé* ("A Árvore de Jessé"), que faz referência à genealogia de Cristo, preserva supostamente alguns pedaços originais remanescentes, já que a maior parte deles foi destruída ao longo da história.

No entanto, para quem se deslumbra com o esplendor das demais catedrais francesas – como as de Laon, Notre-Dame, Chartres e Reims, para onde foram se transferindo, na sequência, os artesãos que trabalharam em Saint-Denis –, esses detalhes parecem irrisórios. E em nada diminuem os méritos de Suger. O qual, por sinal, fez questão de deixar sua assinatura para a posteridade num dos vitrais da capela dedicada à Virgem Maria, onde se pode vê-lo, tantos séculos depois, ajoelhado aos pés de Nossa Senhora, na cena da Anunciação.

Trata-se de uma auto-homenagem mais do que merecida, considerando-se que seu legado foi muito além dos limites de Saint-Denis e da França. Ele ajudou a inaugurar a chamada Era das Catedrais – o período de aproximadamente trezentos anos, da construção da basílica, em 1144, até o começo do século XV –, em que o esforço colossal exigido para a construção de edificações de tamanho porte e complexidade impulsionou o desenvolvimento das ciências, do comércio e das cidades em toda a Europa.

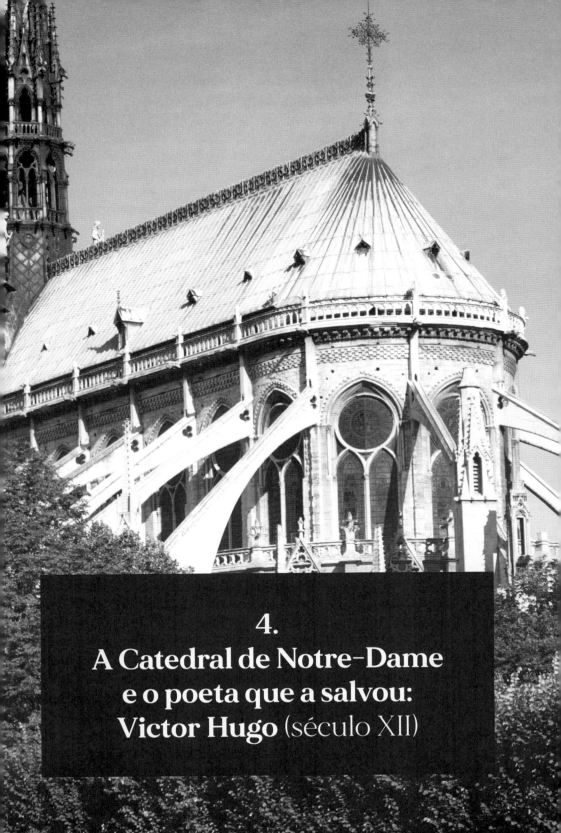

4.
A Catedral de Notre-Dame
e o poeta que a salvou:
Victor Hugo (século XII)

N uma cidade com tantas e tão magníficas capelas, igrejas e basílicas, é difícil imaginar que já houve um tempo em que Paris não tinha onde realizar, apropriadamente, uma missa de gala. Tanto que em 1145, quando o papa Eugênio III viajou à França para abençoar a partida da Segunda Cruzada, teria sido preciso providenciar o empréstimo de objetos sacros, adornos e tapeçarias para melhorar a aparência da antiga e depauperada Église de Sainte-Geneviève. O lote teria incluído um precioso tapete de seda que, segundo a lenda, acabou surrupiado no final do evento por membros do séquito papal, provocando um quebra-quebra diante de Sua Santidade. Com candelabros transformados em armas, o próprio rei da época, Luís VII, teria sido golpeado no rosto ao tentar mediar a confusão.

Dada a baixa confiabilidade dos cronistas medievais, não se sabe até que ponto a história é verdadeira. Mas essa teria sido uma das razões que levaram o então cardeal de Paris, Maurice de Sully, a decidir que era hora de a cidade ter uma catedral à altura de sua crescente importância comercial e política. Filho de camponeses que havia conquistado poder e fortuna graças a seu intelecto poderoso, foi ele quem comandou, a partir de 1163, contribuindo inclusive com recursos próprios advindos da renda de seus vinhedos, a construção daquela que se tornaria a mítica Catedral de Notre-Dame de Paris – obra-prima da arquitetura medieval e coração espiritual da França. Além de centro geográfico do país, já que uma placa no piso da praça à sua frente, o Parvis de Notre-Dame, marca o ponto zero das principais estradas francesas.

A obra acabaria exigindo nada menos do que cerca de duzentos anos de trabalho, e mobilizou, ao longo das décadas – e a despeito das interrupções causadas pelos inúmeros flagelos que eram a sina da Idade Média –, uma multidão de pedreiros, carpinteiros, ferreiros, vidraceiros e artesãos de todo tipo, na extraordinária epopeia que constituiu a construção das catedrais góticas. Tratava-se de empreitadas heroicas, nas quais o homem medieval desafiava a lei da gravidade e seus parcos conhecimentos para erguer construções inimaginavelmente altas para a época, com abóbadas sustentadas por portentosos pilares de pedra, como que buscando alçar-se em direção ao céu.

O plano era aproveitar a singular localização numa ilha em meio ao rio Sena, a ser criada pela junção da antiga Île de Notre-Dame com a Île de la Cité, para construir o que o historiador Jacques Hillairet definiu como "uma catedral que se erguesse sobre as águas como um grande e majestoso navio". E seria dessa posição privilegiada que Notre-Dame iria atravessar os séculos, sobrevivendo a inúmeras ameaças, como testemunha silenciosa da tumultuada saga de rebeliões e tragédias, desespero e glória da cidade e de seu povo. Até o fatídico dia 15 de abril de 2019, quando um incêndio engolfou sua nave central, destruindo grande parte do telhado e derrubando a delicada flecha, encimada por um galo de cobre, que marcava seu ponto mais alto, a 93 metros.

Em mais um exemplo da resiliência de Paris na adversidade, contudo, mal as chamas foram controladas, os franceses deram início à reconstrução, apoiados por doações de admiradores da catedral no mundo todo. A estrutura principal, felizmente, não fora comprometida, nem a soberba fachada, com seus três esplêndidos portais, cujas figuras em alto-relevo representam cenas de episódios bíblicos.

O portal da esquerda, dedicado à Nossa Senhora, por exemplo, relembra a história de Maria do nascimento à assunção, terminando com sua intercessão pelos fiéis no dia do Julgamento Final. Que é o tema do portal central, onde Cristo preside o julgamento da humanidade diante do Arcanjo Miguel, o qual apela em favor dos justos, e do demônio, que lança os pecadores ao inferno. Já o portal da direita tem como personagem a mãe de Maria, Santa Ana.

Apesar de bastante danificada, felizmente a vetusta catedral permaneceu em pé, como guardiã de quase mil anos de memórias. Desde o tempo em que, como quase todas as catedrais da Idade Média, fazia as vezes de orfanato e abrigo para os desvalidos, hospital durante as epidemias e refúgio para os fora da lei. Ao longo dos séculos, Notre-Dame serviu também de palco para uma infinidade de cerimônias solenes. Pois embora os reis franceses, por tradição, fossem sempre coroados na cidade de Reims, na região vinícola de Champagne, e enterrados na Basilique de Saint-Denis, era invariavelmente em Notre-Dame que eles assistiam às missas de ação de graças por sua elevação ao trono. E onde eram velados seus corpos após a morte.

Notre-Dame acolhia ainda os principais batizados e casamentos das famílias reais. Um deles, aliás, ocorrido em janeiro de 1872, diz respeito em particular aos brasileiros, já que coube ao imperador D. Pedro II, então em sua primeira visita a Paris, conduzir ao altar a princesa Margarida de Orléans, neta do deposto rei Luís Felipe e irmã de seu genro, Gastão de Orléans, o Conde d'Eu, na cerimônia de matrimônio com um príncipe polonês exilado, Wladyslaw Czartoryski.

Era sempre na catedral, igualmente, que os cardeais abençoavam os soldados franceses antes das partidas de tropas para as guerras. E também era ali que os parisienses se reuniam para dar graças, em elaboradas missas de te-deum, cada vez que se celebrava o restabelecimento da paz. Como foi o caso, entre tantos, da missa realizada em 1944, após a liberação da cidade da ocupação alemã na Segunda Guerra Mundial, por insistência do líder do governo provisório, o general Charles de Gaulle – embora Notre-Dame estivesse sem eletricidade e o sermão do padre tenha ficado parcialmente inaudível devido ao estrondo dos combates ainda em curso ao seu redor.

A história de Notre-Dame, na verdade, é tão tormentosa quanto a de Paris. E essa característica, assim como sua arquitetura e antiguidade, explica em parte o magnetismo que ela exerce tanto sobre os franceses quanto sobre os estrangeiros. Dois séculos depois da inauguração, a maioria de suas funções oficiais foi deslocada para outras igrejas, como a Saint-Chapelle, e todo o seu entorno entrou em decadência. Em especial depois que a vizinhança foi liberada para a prática da prostituição, no século XIV. Passados mais alguns séculos, durante a Revolução Francesa, em 1789, a catedral foi vítima da fúria do próprio povo de Paris, revoltado contra a Igreja Católica, que sempre fora um dos sustentáculos da monarquia.

Investindo contra os símbolos da religião e da realeza, os parisienses demoliram partes do seu interior e fundiram quase todos os gigantescos sinos para transformar o metal em armas. Também derrubaram e decapitaram as estátuas de reis que encimavam seus portais, acreditando tratar-se de monarcas franceses – quando representavam, de fato, reis de Judá, um dos reinos israelitas da Antiguidade. Várias cabeças dessas esculturas originais acabaram sendo encontradas, surpreendentemente, durante escavações realizadas no século passado, e hoje estão expostas no Musée de Cluny – Musée National du Moyen Âge, o museu dedicado à arte medieval situado no Quartier Latin.

Durante a revolução, Notre-Dame foi também usada como depósito de grãos e vinhos, que passaram a ser vendidos numa feira em sua nave ancestral. E após o estabelecimento da república, em 1793, que baniu o catolicismo da França e obrigou os padres a renegarem sua fé, os revolucionários resolveram transformá-la em templo dedicado à "Deusa Razão". O que não deixa de ser um contrassenso, já que o movimento ficou marcado justamente pela violência insana e as atrocidades que promoveu.

A catedral também escapou por pouco de ser incendiada durante a Comuna de Paris – a sangrenta rebelião que se seguiu à derrota da França na Guerra Franco-Prussiana de 1870 –, quando os sublevados estiveram a ponto de jogar combustível sobre uma pilha de bancos amontoados no centro da nave. Porém ela acabou se salvando, como por milagre, mais uma vez. E terminaria resgatada do abandono pelo imperador Napoleão Bonaparte, que a escolheu para a cerimônia de sua coroação, em 1804. Estava então tão dilapidada que a cerimônia só pôde ser realizada após alguns restauros e uma ambientação com tapeçarias e adornos de luxo, como ficou registrado no célebre quadro do pintor Jacques-Louis David, *Le Sacre de Napoléon (A Coroação de Napoleão)*, que integra o acervo do Louvre.

Mas a salvação definitiva veio somente duas décadas mais tarde, quando Notre-Dame reconquistou o coração dos parisienses como personagem central de um romance de Victor Hugo, o poeta mais celebrado da cidade e um dos gigantes da literatura mundial. Publicado em 1831 com o título *Catedral de Notre-Dame*, porém mais conhecido, a partir da primeira tradução inglesa, como *O Corcunda de Notre-Dame*, o livro obteve um sucesso estrondoso, ao retratar o submundo da Paris medieval, período que se tornara objeto de interesse do movimento artístico da época, o Romantismo.

A obra popularizou em especial o par romântico da história: o corcunda Quasímodo, sineiro de Notre-Dame, apaixonado pela dançarina cigana Esmeralda, que é igualmente objeto dos amores de um religioso chamado Claude Frollo. Porém Esmeralda ama um terceiro, um capitão da guarda de Paris de nome Phoebus. Como costuma acontecer em novelas desse tipo, essa também termina em tragédia, com Esmeralda acusada pelo assassinato de Phoebus, que fora morto por Frollo. Ela é resgatada da prisão por Quasímodo, que a esconde nos sótãos da catedral. Mas não consegue impedir, ao final, a execução da amada em frente à Notre-Dame. A bela cigana continua, no entanto, a encantar seguidas gerações, graças a diversas versões cinematográficas da história, incluindo um popular desenho animado dos Estúdios Disney.

Foi graças a essa revalorização da catedral como símbolo e patrimônio cultural da França que seu último rei, Luís Filipe, resolveu promover, na década de 1840, uma restauração de vulto. O trabalho, que consumiria dezenove anos, foi confiado a um famoso arquiteto, Eugène Viollet-le-Duc, mas tornou-se objeto de uma polêmica infindável, pois, em vez de se manter fiel ao projeto original, Viollet-le-Duc permitiu-se reimaginar a aparência de Notre-Dame, para indignação dos contemporâneos. Introduziu, por exemplo, esculturas de figuras fantásticas nas extremidades do teto, as célebres gárgulas de Notre-Dame. E acrescentou a controvertida flecha, com um galo na ponta, que despencou durante o incêndio de 2019.

Victor Hugo, contudo, não pôde assistir à reinauguração, em 1859, da catedral que ajudara a salvar. Estava então exilado na ilha de Guernsey, no Canal da Mancha, para escapar à prisão por sua ferrenha oposição ao governo despótico do imperador Napoleão III. Também jornalista e político, Hugo fora inicialmente aliado do sobrinho de Napoleão Bonaparte, tendo apoiado inclusive, como deputado, sua eleição à presidência, que inaugurou a Segunda República. Mas poucos anos depois, quando Napoleão III deu um golpe de estado e se autoproclamou imperador, passando a reprimir com violência os opositores, tornou-se seu crítico mais contundente. Em consequência, enfrentou quase dezenove anos de exílio, recusando obstinadamente a oferta de anistia do ditador, o que só reforçou sua popularidade.

É provável que nenhuma cidade do mundo tenha a tradição de venerar seus poetas e escritores tão enraizada quanto a de Paris. Ainda assim, a idolatria devotada a Victor Hugo extrapola qualquer comparação. Talvez por ele ter conseguido capturar e traduzir como ninguém o espírito rebelde e passional dos parisienses, transformando as lutas de seu povo na matéria-prima de uma obra colossal, composta de romances, peças de teatro, ensaios críticos, libelos políticos e poemas. Entre os destaques, o antológico *Les Misérables* (*Os Miseráveis*), outro de seus romances fascinantes, cujo caráter atemporal é atestado pelo enorme sucesso de inúmeras adaptações para o cinema e até como musical da Broadway.

Quando criava ficção, Hugo escrevia apaixonadamente, como se encarnasse as emoções de cada personagem. Já nos textos políticos, sua pena tornava-se cortante e incisiva, sem jamais abandonar o tom poético.

Sua imensa popularidade não se deve, no entanto, apenas ao talento literário. Foi alimentada, certamente, também por ele ter personificado, em sua própria trajetória pessoal e política, todos os dramas do turbulento século XIX na França. Um período marcado por uma confluência quase inacreditável de revoluções, golpes de Estado, guerras e invasões estrangeiras, e no qual a polarização política causou profundas divisões em quase todas as famílias, como as que ele vivenciou desde a infância na casa dos pais.

Hugo nasceu justamente na virada do século, em 1802, em Besançon, na Borgonha, leste da França – embora fizesse questão de afirmar que ali viera à luz apenas o seu corpo, já que a alma era parisiense. O pai era um general do exército de Napoleão Bonaparte, ateu e republicano ferrenho, enquanto a mãe alinhava-se com os monarquistas e a Igreja Católica, e esse desentendimento terminou por separar o casal. Criado em Paris pela mãe, após o divórcio, ele recebeu uma educação monarquista e católica, contra a qual só se rebelou na maturidade.

Como jornalista, Hugo apoiou os três últimos reis da França após a restauração da monarquia: Luís XVIII e Carlos X, que governaram entre 1814 e 1830, e o sucessor de ambos, Luís Filipe, que reinou até 1848, durante a chamada Monarquia de Julho. Mais tarde, entretanto, como deputado e senador, passou a contestar a interferência da Igreja Católica em assuntos do Estado e abraçou os ideais republicanos.

Em um período pautado pelo fortalecimento dos nacionalismos, enfrentou ainda a opinião corrente ao defender de forma pioneira a união dos países europeus. E chegou a profetizar, de forma visionária, o surgimento da Comunidade Econômica Europeia. "Virá o dia em que todos vocês [...] todas as nações do continente, sem perderem sua gloriosa identidade, se fundirão numa unidade superior e constituirão a fraternidade europeia", vaticinou, ao presidir um congresso internacional em 1849. Estava mais de um século à frente, já que a CEE foi formalizada em 1957.

Como os pais, Hugo também teve uma vida pessoal desafortunada, já que, além do exílio, enfrentou uma sucessão de tragédias familiares. Perdeu precocemente, por doença, seus dois filhos mais velhos, Léopold e Charles, e também uma das filhas, Léopoldine, que se afogou acidentalmente no Sena com o marido. A outra filha, Adèle, enlouqueceu por um amor obsessivo e não correspondido – como retratado pelo cineasta François Truffaut em um comovente filme de 1975, *L'Histoire d'Adéle H. (A História de Adèle H.).*

Finalmente, já idoso, perdeu a mulher, também chamada Adèle, que fora sua amiga de infância e a quem era extremamente apegado, apesar de ter colecionado uma sucessão de amantes – sendo a mais permanente uma famosa atriz que estrelou várias de suas peças, Juliette Drouet, um caso de quase cinquenta anos, e que também faleceu antes dele. O casamento com Adèle, além disso, teria provocado a loucura de seu irmão, Eugène, igualmente apaixonado pela noiva, e que terminou os dias num hospício.

Assim, na velhice, restaram-lhe apenas uma nora, Alice, e dois netos, Jeanne e George, que o tratavam como pai. Mas também uma legião de admiradores. Tanto que quando adoeceu, aos 83 anos, já consagrado como um dos patriarcas da nação, foi como se toda a França, e Paris em especial, se reunisse em torno de seu leito de moribundo. Multidões instalaram-se em vigília diante do apartamento do ídolo, no primeiro andar de um prédio no número 50 da Avenue Victor Hugo, no décimo sexto *arrondissement* – a avenida havia sido renomeada em sua homenagem, poucos anos antes, na ocasião do seu octogésimo aniversário, quando passara praticamente o dia todo na janela, acenando para as cerca de 600 mil pessoas que passaram por ali para saudá-lo.

No final, seu estado de saúde tornou-se a principal manchete dos jornais e assunto de governo, pois republicanos, monarquistas, socialistas, anarquistas, esquerdistas radicais e todas as facções políticas da época passaram a disputar antecipadamente o seu legado. A prefeitura teve de autorizar os cafés da vizinhança a permanecerem abertos durante a noite para atender os populares em vigília, além de colocar tropas em prontidão para o caso de manifestações desandarem para a violência.

Era como se Paris inteira houvesse prendido a respiração à espera do desfecho. Incluindo o presidente da república, os alfaiates em greve, os prisioneiros políticos da prisão de Saint-Lazare, os deputados da Assemblée Nationale e até mesmo as prostitutas, que se declararam de luto. Num arco de diversidade surpreendente, a questão mobilizou inclusive o papa no Vaticano, já que a Igreja Católica tentou até o fim convencer o poeta, espírita e anticlerical convicto, a aceitar o sacramento da extrema-unção.

Seria um lance de propaganda oportuno, num momento em que a tradicional influência do clero na política francesa enfrentava forte contestação, mas o esforço revelou-se inútil. Mesmo à beira da morte, o poeta não arredou pé das convicções. E em seu testamento, no qual legou uma vultosa quantia para os pobres, não deixou dúvidas sobre suas crenças: "Recuso as preces de todas as igrejas. Mas apelo às orações de todos os seres humanos. Acredito em Deus".

Victor Hugo determinou também que seu corpo fosse transportado para o túmulo numa carreta modesta, como a que servia a gente pobre de Paris. Em vão, porque a cidade fez questão de lhe oferecer uma cerimônia fúnebre com pompas de Estado. O velório foi realizado à noite sob o L'Arc de Triomphe (Arco do Triunfo), recoberto para a ocasião com tecidos negros, sendo que o caixão ficou postado sobre um estrado quase da altura do monumento, que tem 50 metros, e sob a vigília de uma guarda cerimonial composta de jovens poetas.

No dia seguinte, cerca de dois milhões de pessoas acompanharam o cortejo até o Panthéon, o qual foi reinaugurado na ocasião como mausoléu para os grandes da pátria justamente para acolher seus despojos. Além desse túmulo no coração de Paris, e de inúmeras praças, escolas e ruas nomeadas em sua homenagem por toda a França, a memória de Victor Hugo é cultuada também num dos apartamentos em que morou em Paris, na Place des Vosges, no Marais, transformado em museu. E num segundo museu na casa em que atravessou a maior parte do exílio, Hauteville House, situada no alto de um rochedo em Guernsey, a 40 quilômetros da costa da Normandia.

Acima de tudo, Hugo continua presente em sua obra imperecível. Que inclui algumas das mais eloquentes declarações de amor feitas a Paris, como no famoso "Apelo aos Alemães", mencionado na introdução deste livro, em que tentou convencer o inimigo a poupar a cidade, então cercada e bombardeada, após a derrota dos franceses na Guerra Franco-Prussiana de 1870. "Paris é indestrutível", proclamou ele, recém-chegado do exílio, num elogio definitivo. "Se conseguirem destruí-la fisicamente, ela se avultará moralmente. Se a arruinarem, acabarão por santificá-la. Caso espalhem suas pedras, disseminarão suas ideias. Destruam Paris e cada grão de suas cinzas será uma semente do futuro. Seu sepulcro continuará irradiando o clamor por Liberdade, Igualdade, Fraternidade. Porque Paris não é apenas uma cidade, Paris é uma alma."

Victor Hugo encarnou o ideal libertário dos parisienses no século XIX

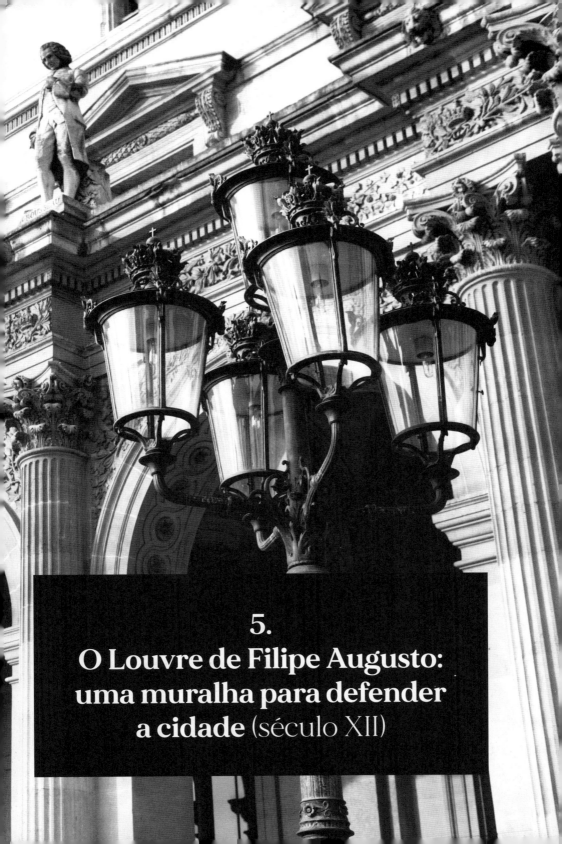

5.
O Louvre de Filipe Augusto: uma muralha para defender a cidade (século XII)

V isitar o Louvre, o maior e mais concorrido museu do mundo, é sempre uma corrida contra o relógio. Não importa quanto tempo se dedique, ou quantas vezes já se tenha percorrido sua infinidade de salas, resta sempre uma sensação de ter perdido algo relevante, diante da riqueza de seu imenso acervo de 450 mil obras, uma amostra incomparável da produção artística da humanidade. Como dar conta de ver ou rever tantas obras excepcionais em meio à massa humana que se desloca de um lado para o outro?

Diante de uma coleção dessa magnitude, é fácil ignorar uma relíquia preservada nas galerias subterrâneas do palácio, tão impressionante quanto as obras-primas que disputam as atenções nas alas mais concorridas. Trata-se dos alicerces de uma fortaleza construída há quase mil anos e que não apenas deu nome ao castelo que a sucedeu, mas garantiu a sobrevivência de Paris ao longo de boa parte de sua existência, nos longos períodos em que a cidade viveu à mercê de saques e invasões por parte dos mais diferentes inimigos. Fossem os vikings e normandos vindos do norte, fossem os ingleses, que atacavam com frequência pelo oeste.

Parte de um conjunto de torres ligadas por uma assombrosa muralha de cinco quilômetros de extensão, que em alguns pontos chegava a ter três metros de largura e nove de altura, o Louvre foi a maior estrutura defensiva implantada até então para proteger Paris. Uma obra tão portentosa que alguns de seus trechos resistem até hoje em vários pontos da cidade – na Rue Clovis, no Quartier Latin, próxima ao Panthéon, por exemplo, ou ao lado de uma quadra de esportes nos Jardins Saint-Paul, no Marais –, como testemunho do caráter visionário do monarca que mandou erguer a muralha em 1190, Filipe II, um dos primeiros a proclamar sua devoção a Paris e empenhar-se em desenvolvê-la.

Quando ele veio ao mundo, em 1165, a França estava praticamente arruinada, em razão de sucessivas derrotas em guerras contra a Inglaterra, que a haviam reduzido a um pequeno território sem acesso ao mar, cercado de inimigos por todos os lados. Como se não bastasse, Paris quase fora destruída, alguns anos antes, por grandes inundações do rio Sena. E como seu pai, Luís VII, não havia conseguido produzir um herdeiro, apesar de três casamentos e um reinado de trinta anos, até mesmo a continuidade da dinastia encontrava-se ameaçada.

Não surpreende, portanto, que seu nascimento tenha representado a esperança de dias melhores, razão pela qual ele foi saudado como *Le Dieudonné* (A dádiva de Deus). Um título que se revelou profético, já que o príncipe se mostrou à altura das expectativas logo ao assumir o trono, com apenas 15 anos, devido a uma doença do pai. "Astuto como uma raposa", segundo um cronista, hábil na guerra e na política, ele conseguiu não apenas recuperar grande parte dos domínios perdidos, mas multiplicar por três o território da França. Ao longo de seus 43 anos de reinado, consolidou também o poder da monarquia sobre a nobreza e inaugurou uma era de prosperidade, o que lhe valeu o epíteto de "O Augusto".

Suas realizações mais visíveis ficaram inscritas na fisionomia de Paris. Até então uma vila medieval bastante primitiva, sob seu comando a cidade passou por suas primeiras transformações de vulto, no longo caminho de avanços e retrocessos que seria percorrido até se tornar a metrópole esplendorosa de hoje. Ele começou mandando pavimentar ruas, alargar estradas e construir um sistema de esgoto. Para impulsionar o comércio, criou o primeiro grande mercado permanente, uma edificação que se tornaria ponto central para a venda de especialidades trazidas de todas as regiões da França pelo rio Sena, e que iria atravessar os séculos, o célebre Les Halles.

Ao longo de quase mil anos de existência, sua estrutura original teve de ser reconstruída inúmeras vezes, mas a atmosfera pitoresca de feira e a rica diversidade de produtos acabaram transformando o mercado em atração turística. Em especial a partir do fim do século XIX, quando uma reforma implantou uma bela estrutura metálica em estilo *art nouveau*, que passou a abrigar restaurantes concorridos.

Para desgosto dos amantes da velha Paris, contudo, essa construção acabou demolida na década de 1970, e, como foi reconstruída segundo um projeto modernoso e controverso, o local acabou se degradando. Até passar por nova e ambiciosa reurbanização, a partir de 2011, que deu origem ao gigantesco centro de comércio e lazer hoje ali existente, em mais um exemplo da capacidade de Paris de se renovar continuamente.

Agora circundado por uma vasta praça, o Jardin Nelson Mandela, o novo Les Halles acabou contribuindo para revitalizar todo o entorno. Um *quartier,* ou bairro, carregado de história, bem no coração da cidade, onde se destaca também a vetusta Église de Saint-Eustache, construída entre 1532 e 1640 e frequentada por inúmeros personagens da Paris de todas as épocas – como o dramaturgo Jean-Baptiste Poquelin, conhecido como Molière; o poderoso cardeal e conselheiro real Armand-Jean du Plessis, duque de Richelieu; e a célebre amante de Luís XV, Madame de Pompadour.

Ao lado da construção milenar, uma enorme escultura contemporânea cria agora um desses contrastes típicos de Paris, que tornam a cidade um imenso museu a céu aberto, onde se pode apreciar estilos artísticos e arquitetônicos de praticamente todas as épocas. Trata-se de *L'Écoute* (*A Escuta*), uma peça de arenito do escultor Henri Miller cinzelada em forma de uma cabeça apoiada contra o chão, como que auscultando o coração do lugar.

A vizinhança é valorizada, ainda, pela animada Rue Montorgueil, famosa por seus bistrôs centenários, alguns dos quais datam da época em que esse era o ponto final para o desembarque dos carregamentos de peixes e frutos do mar oriundos da costa da Normandia. Uma das atrações é a Pâtisserie Stohrer, a confeitaria mais antiga da cidade, fundada em 1730 pelo confeiteiro austríaco do rei Luís XV, Nicolas Stohrer – onde guloseimas como o *rum-babas*, sucesso desde sua invenção, há quase trezentos anos, disputam a atenção com o visual característico da época, que garantiu ao estabelecimento sua classificação como monumento histórico.

Além de deixar sua marca no Les Halles e na muralha do Louvre, Filipe Augusto foi decisivo também para a consolidação de Paris como centro intelectual. Foi ele quem deu *status* oficial à então embrionária universidade do Quartier Latin, depois transformada na Sorbonne Université, semente da potência cultural que Paris iria se tornar no futuro. Ao cercar-se de conselheiros qualificados, conseguiu também reabastecer o tesouro dilapidado pelas guerras e reorganizar a administração pública, a fim de garantir a continuidade das obras na cidade durante suas ausências prolongadas.

É que naquele tempo, vale lembrar, os reis franceses eram considerados pela nobreza apenas *primus inter pares*, isto é, os primeiros entre seus pares, o que os obrigava a uma vida itinerante, viajando praticamente o tempo todo, seguidos por longos cortejos de cortesãos, para arrecadar tributos e fazer valer sua autoridade. Isso quando não estavam envolvidos em frequentes guerras ou cruzadas. Filipe, como era então de praxe para nobres e monarcas, vivia de espada em punho, em especial contra a Inglaterra, então governada por um rei de origem francesa, Henrique II, com o qual disputava vários territórios.

Um de seus trunfos nessa guerra foi uma aliança com os filhos do adversário, em particular com o mais notável entre eles: o célebre Ricardo Coração de Leão, com o qual participou da Terceira Cruzada, em 1189, para tentar resgatar a Terra Santa do domínio muçulmano, após a captura de Jerusalém pelo sultão Salah al-Din Yusuf ibn Ayyub, conhecido como Saladino. Embora imortalizado como herói nas lendas de cavalaria, Ricardo Coração de Leão foi, na verdade, um personagem bastante controverso. Ele e Filipe mantiveram uma relação tempestuosa durante anos, e consta que se tornaram inclusive amantes, antes de voltarem a se digladiar, numa novela que só terminou com a morte em combate de Coração de Leão, que a essa altura sucedera o pai como Ricardo I.

Outra frente de conflitos durante seu reinado foi a chamada Cruzada Albigense, promovida pela Igreja Católica entre 1209 e 1244 contra a seita dos cátaros, acusados de heresia por contestar a autoridade do Vaticano e a exigência de vultosas doações, além de denunciar a corrupção do papado com a venda de indulgências. Filipe Augusto inicialmente se recusou a participar da repressão, mas após seguidas ameaças de excomunhão contra seus aliados viu-se obrigado a liberá-los para se juntarem no ataque às últimas trincheiras dos cátaros no sudoeste do país, que incluíam a monumental cidadela de Carcassone, atualmente uma concorrida atração turística. E a repressão que se seguiu permanece até hoje como símbolo das barbáries provocadas pelo fanatismo religioso e seu uso político.

Num dos episódios mais sangrentos da cruzada, um marco sinistro da história da Igreja Católica, cerca de 70 mil pessoas teriam sido mortas apenas na cidade de Béziers – sete mil delas queimadas vivas na igreja em que haviam buscado refúgio. Segundo versão registrada por um monge da época, Césaire de Heisterbach, quando soldados perguntaram a um abade como diferenciar os heréticos dos católicos durante a carnificina, este teria respondido que não havia necessidade de fazer distinção. "Mate-os todos, Deus saberá distinguir os seus."

Foi ao final de uma das campanhas contra os cátaros, por sinal, que Filipe adoeceu, aos 58 anos. E, embora tenha tentado retornar a Paris para morrer na cidade que amava, acabou falecendo pelo caminho. Sua fortaleza do Louvre, no entanto, iria sobreviver à passagem dos séculos, ainda que se metamorfoseando continuamente, como demonstra uma maquete interativa exposta no subsolo do museu. Ela permite acompanhar, numa linha do tempo, como vários monarcas que se sucederam foram agregando novas alas à construção original, até transformá-la na construção majestosa atual. E ilustra como essa evolução sintetiza, em boa medida, a da própria cidade.

Convertido em um castelo luxuoso no século XIV, pelo rei Carlos V, para abrigar uma nova sede da monarquia – anteriormente instalada no velho Palais de la Cité, o palácio dos primeiros reis da França, na Île de la Cité –, o Louvre caiu depois praticamente no abandono, durante a longa Guerra dos Cem Anos contra a Inglaterra. Nesse período, para escapar das frequentes incursões do inimigo nos arredores da capital, os monarcas se refugiavam em palácios construídos no aprazível Val du Loire, o vale do rio Loire, conhecido como Vale dos Reis.

O castelo só voltaria à glória durante o Renascimento, no século XVI, graças ao rei Francisco I, personagem de um dos próximos capítulos, que mandou reconstruí-lo no estilo neoclássico atual. Um pouco mais tarde, ele foi integrado a outro palácio erguido em uma de suas extremidades, o Palais des Tuileries, que acabaria destruído durante a Comuna de Paris, em 1871. E continuou sendo objeto de reformas sucessivas, como um canteiro de obras permanente, até renascer de vez durante a Revolução Francesa, quando foi aberto ao público como museu de arte. Aliás, um dos primeiros do mundo, e o símbolo de uma nova era, durante a qual a Paris de Filipe Augusto passaria por novas levas de transformações, que a tornariam, sucessivamente, cada vez mais bela e fascinante.

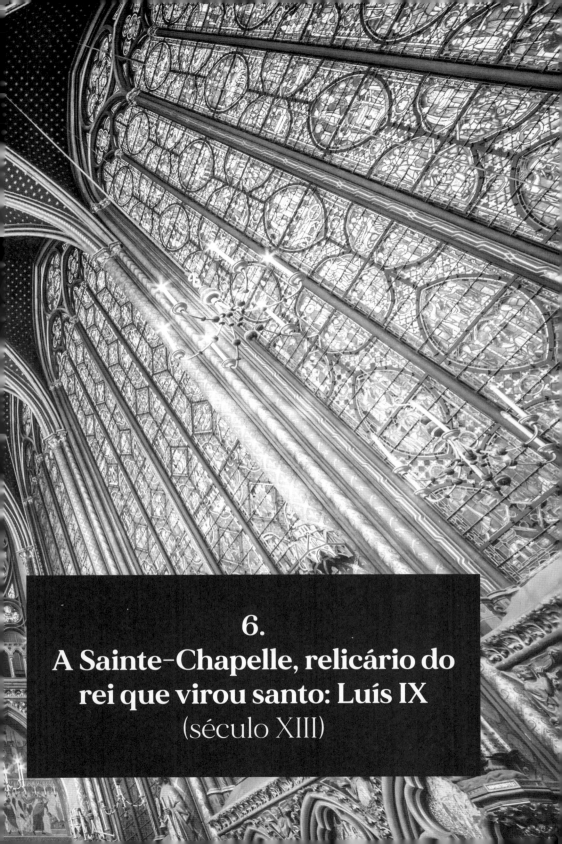

6.
A Sainte-Chapelle, relicário do rei que virou santo: Luís IX
(século XIII)

São Luís, o rei que personificou a religiosidade extremada da Idade Média

Q uando se está na Île de la Cité, o berço de Paris, é inevitável ter o olhar atraído pelo delicado pináculo da Sainte-Chapelle emergindo por trás da massa cinzenta do atual Palais de Justice, que foi o primeiro palácio dos reis franceses. E, ainda que se repita dezenas de vezes a visita a essa pequena joia gótica, o deslumbramento nunca arrefece. Não apenas pelo visual incomparável de seu conjunto de vitrais, uma das maravilhas do mundo, mas pela experiência quase mística propiciada pela luz diáfana que eles projetam.

Essa deve ter sido, justamente, a intenção do personagem singular que a concebeu, há quase mil anos, no remoto século XIII: Luís IX. Um rei tão extraordinário que virou santo e inspirou o nome de todos os muitos "luíses" que o sucederam no trono da França. Como definiu, muito tempo depois, um dos grandes escritores franceses, François-René de Chateaubriand, ele foi o modelo de homem e governante exemplar da Idade Média. Um monarca obcecado por Deus, a ponto de começar o dia vestido de monge, caminhando descalço pelas ruas de Paris para alimentar os mendigos. Que fazia questão de valorizar a justiça, prática ainda rara naqueles tempos bárbaros. E cujo reinado ficou conhecido como "o século de ouro de São Luís", uma época de relativa paz e prosperidade, no qual Paris se afirmou como a mais importante cidade da Europa Ocidental.

Nesse sentido, além de seu valor como patrimônio estético e histórico, a Sainte-Chapelle é um testemunho da religiosidade extremada que caracterizou a Idade Média. Foi para abrigar as supostas relíquias da coroa de espinhos e da cruz de Cristo que Luís IX mandou erguer a capela, construída em apenas sete anos, nos moldes de um relicário, para tirar partido máximo da arte dos vitrais – que ali parecem flutuar, como que por mágica, entre os finos pilares de pedra de sustentação da abóbada.

Ele as havia adquirido do imperador Balduíno II, de Constantinopla, que as empenhara com um comerciante de Veneza para pagar dívidas, num tempo em que relíquias, ainda que de legitimidade duvidosa, funcionavam como atrativo valioso para peregrinações e doações. Além de enriquecer as abadias e monarcas que as detinham, elas contribuíam para fortalecer o seu prestígio político. Em particular na França, país que se vangloriava, como ainda hoje, de uma ligação privilegiada com a Igreja Católica, da qual se proclama *la fille aînée* (a filha mais velha).

Luís IX era tão devoto que acabou por dar a vida por sua fé, depois de sacrificar a saúde e colocar em risco o trono durante as duas cruzadas que organizou, sem sucesso, para tentar resgatar a Terra Santa do domínio muçulmano. Antes de partir, ele costumava isolar-se para rezar no campo, na então Île aux Vaches, hoje a encantadora Île Saint-Louis (Ilha São Luís). E não será difícil fantasiar ali sua presença se você se sentar, em silêncio, na velha igreja nomeada em sua homenagem, a Église Saint-Louis-en-l'Île (São Luís na Ilha).

Ele participou de sua primeira cruzada, a sétima da cristandade, em 1244, para cumprir promessa por uma cura. Depois de quatro anos de preparativos, suas tropas tentaram conquistar o Egito pelo mar, mas acabaram dizimadas por epidemias. Aprisionado, ele só conseguiu retornar a Paris após o pagamento de um resgate, quando o trono ficou perigosamente vago pelo falecimento de sua mãe, uma formidável rainha chamada Branca de Castela, que governara como regente em sua ausência.

Ainda assim, quase trinta anos depois, Luís se lançou em uma nova cruzada, desta vez avançando por terra, a partir de Túnis, atual Tunísia. Porém acabou falecendo ali mesmo, depois de contrair tifo. E a novelesca história do retorno de seus despojos à França, seguido por uma macabra partilha, só contribuiu para aumentar sua aura de santidade. Vale lembrar que era costume na Idade Média enterrar o cadáver dos reis separadamente das entranhas e do coração. Devido à fama de santo conquistada por Luís IX ainda em vida, contudo, seu caso extrapolou exageradamente a norma, já que o corpo foi todo esquartejado, a fim de multiplicar a quantidade de relíquias.

Como parte da campanha para promover sua canonização, as relíquias foram então espalhadas por vários países. A exceção foi o coração, cujo destino até hoje é incerto. Há versões de que teria sido depositado numa tumba em Túnis, e até uma lenda improvável segundo a qual Luís IX teria sobrevivido ao tifo e se convertido ao islamismo, optando por viver o resto de seus dias anonimamente no norte da África.

O que se sabe ao certo é que, logo após o óbito, seu irmão Carlos D'Anjou, rei da Sicília e de Nápoles, reivindicou o direito de enterrar parte das entranhas numa basílica construída para esse fim em Montreale, próximo a Palermo. Já o esqueleto foi transportado até a França num longo percurso através da Itália e dos Alpes, que levou nada menos do que nove meses para alcançar Paris.

Nesse período, devido às mortes de outros membros da família real que acompanhavam o féretro, mais quatro caixões juntaram-se ao cortejo, sendo o trajeto pontuado de celebrações pelos milagres atribuídos ao falecido. Após a chegada a Paris, os despojos foram então fragmentados para doação a igrejas de quase toda a Europa, incluindo até mesmo falanges de dedos. Uma parte deles, contudo, teria sido mais tarde reunida na capital francesa e enterrada num magnífico túmulo, com o rei representado em ouro e prata, na Basilique de Saint-Denis.

O local não poderia ter sido mais adequado, já que Luís IX fora o responsável pela transformação do templo em necrópole real, ao encomendar esculturas para as sepulturas de 14 de seus antepassados, com o fim de reforçar perante a população a legitimidade da dinastia. Esse rico jazigo, no entanto, acabou destruído para roubo do metal durante a Guerra dos Cem Anos entre a França e a Inglaterra, entre os séculos XIV e XV, sendo substituído mais tarde por uma simples lápide com um *gisant,* uma escultura representando Luís IX deitado. Desse modo, por uma dessas ironias tão frequentes na história, o criador da necrópole é, paradoxalmente, um dos poucos reis franceses que não estão, de fato, enterrados ali.

Não faltam testemunhos do fervor religioso desse rei que proibiu a blasfêmia, a prostituição, os duelos e os jogos de azar e impôs aos transgressores punições tão severas que o próprio papa teria recomendado atenuá-las. Um de seus biógrafos narra que ele costumava afirmar que preferiria contrair lepra, um dos mais temidos flagelos da época, a praticar um pecado mortal. Esse fanatismo explica sua rápida canonização, apenas trinta anos após a morte, mas acabou colocando em segundo plano sua importância como monarca reformador, que acelerou as mudanças administrativas implementadas por seu avô, Filipe Augusto.

Numa iniciativa muito à frente do seu tempo, ele criou, por exemplo, uma instituição específica para controlar as contas reais, precursora da atual Cour des Comptes, que equivale a um tribunal de contas para auditoria dos gastos públicos. Legou também uma contribuição inestimável ao Direito, ao instituir, pela primeira vez na história, a premissa da presunção de inocência dos réus em processos criminais e sistematizar a aplicação da justiça. Em seu reinado, juízes de província foram proibidos de adquirir bens e de empregar os filhos, e trabalhavam sob a supervisão de juízes superiores, que atuavam como uma instância de apelação.

No alto dessa hierarquia situava-se o próprio monarca como juiz supremo, a quem nobres e plebeus podiam recorrer em audiências semanais para arbitrar conflitos. Durante a primavera e o verão, esses rituais aconteciam sob um frondoso carvalho nos jardins do belo Château de Vincennes, nos arredores de Paris, tema do capítulo 8.

Alguns historiadores, entretanto, têm reinterpretado parcialmente a versão consagrada de rei santo. Nessa perspectiva, Luís IX teria sido, acima de tudo, um político extremamente astuto, que usou a própria religiosidade e a aliança com o Vaticano para consolidar o poder real por direito divino, firmando os alicerces do que se tornaria o estado-nação francês. Os revisionistas destacam também sua perseguição implacável aos judeus, que incluiu a identificação obrigatória dos que recusavam a conversão com uma estrela amarela – inaugurando a odienta prática depois adotada por outros antissemitas ao longo da história –, antes de expulsá-los do país e confiscar suas propriedades.

Como tantos fanáticos, ele não tinha compaixão por quem discordasse do seu credo, e a Inquisição que implantou na França levou ao extermínio final dos cátaros, combatidos desde a época do seu avô, conforme narrado anteriormente. Nada disso, no entanto, comprometeu sua popularidade, que se perpetuou através dos séculos, extrapolando as fronteiras da França, país do qual é patrono. Localidades pelo mundo todo foram nomeadas em sua homenagem, como o estado da Louisiana, originalmente possessão francesa, e a cidade de Saint Louis, no Missouri, ambos nos Estados Unidos. Já no Brasil, a capital do Maranhão, São Luís, empresta seu nome do forte ali instalado por conquistadores franceses que ocuparam a região temporariamente, no século XVI, e representa uma dupla homenagem: tanto ao rei francês da época, Luís XIII, quanto ao cultuado santo.

O Hotel de Soubise, um dos *Hôtels Particuliers* representativos do apogeu do Marais no século XVII

7.
Marais: o mistério dos templários e a saga dos judeus de Paris
(séculos XII a XX)

As marcas do passado num bairro cheio de história

E xiste uma rua no Marais, o charmoso bairro que integra partes do terceiro e do quarto *arrondissements*, cujo nome remete a alguns dos personagens mais intrigantes da história de Paris: a Rue du Temple, referência à célebre Ordem dos Templários, a legendária confraria de monges guerreiros que liderou as cruzadas da cristandade e cuja história permanece até hoje envolta em mistério. Pois ali se situava a portentosa Tour du Temple (Torre do Templo), misto de fortaleza e castelo que foi a sede mundial da ordem, uma potência militar e financeira entre os séculos XII e XIV. E que mais tarde, convertida em prisão, serviu também como cárcere da família real durante a Revolução Francesa de 1789.

Originalmente uma área pantanosa fora dos limites da cidade – origem do seu nome, que significa "pântano" em francês –, o Marais foi depois se metamorfoseando, ao longo do tempo, junto com a cidade. Mas ainda guarda os vestígios das múltiplas camadas de edificações, histórias e memórias acrescentadas em cada século. Após a era dos templários, o bairro alcançou seu apogeu nos séculos XVI e XVII como a meca da nobreza, que competia pelo luxo dos seus palacetes, os chamados *hôtels particuliers,* alguns dos quais permanecem como testemunhas da arquitetura do período: o de Sully, por exemplo, atual Centre des Monuments Nationaux; o de Soubise, sede do Musée des Archives Nationales; e o Carnavalet, que abriga o fascinante museu de mesmo nome, dedicado à história de Paris. Um conjunto que inclui ainda a espetacular Place des Vosges, tema do capítulo 10, como atestado do engenho e arte dos arquitetos da Paris seiscentista.

Mas o esplendor deu lugar à decadência, quando a sede da monarquia foi transferida para Versalhes, em 1682, e a aristocracia abandonou o Marais para seguir a corte. Transformados em cortiços, seus casarões passaram a atrair famílias de trabalhadores e se tornaram foco de rebeliões populares. Há um grupo de moradores mais antigos, contudo, que tem permanecido no local através dos tempos: os judeus, que ali se instalaram, vindos da Itália, ainda durante a ocupação romana, sobreviveram a seguidas levas de perseguição, e até hoje conferem ao bairro, ao lado da comunidade LGBTQ+, sua identidade cultural singular.

Essa diversidade, aliás, ao lado da concentração de museus, constitui um dos atrativos do Marais, sempre vibrante com seus antiquários, livrarias e bistrôs, além das memórias da secular presença judia. Em especial no entorno da Place Saint-Paul, antigamente chamada Praça dos Judeus, porém tradicionalmente mais conhecida como Pletzl, que significa "pracinha" em hebraico, e onde se concentram as sinagogas – a exemplo da Agoudas Hakehilos, da Rue Pavée, cuja bela fachada em estilo *art nouveau* foi projetada pelo mesmo arquiteto que desenhou as icônicas entradas das estações do metrô parisiense, o celebrado Hector Guimard. Já na Rue des Rosiers, o perfume da confeitaria judaica – com seus doces à base de amêndoas e o tradicional *halla*, o pão do Shabbat – está sempre no ar.

A tormentosa história dos judeus de Paris pode ser resgatada em outro dos antigos *hôtels particuliers* transformados em museus – o Saint-Aignan, sede do Musée d'Art et d'Histoire du Judaïsme. Como eram impedidos de possuir propriedades na Idade Média, eles se dedicavam ao comércio ou às finanças, emprestando dinheiro a juros, prática que a Igreja Católica proibia aos cristãos. Talvez por isso, entre outras razões, sua relação com a cidade tenha sido sempre atribulada, com períodos de coexistência seguidos por surtos de repressão.

O rei Filipe Augusto, por exemplo, que no início do seu reinado se apoiara na comunidade judaica para reabastecer o caixa real e empreender seu programa ambicioso de obras, acabou por confiscar-lhe os bens, quando as dívidas do Estado fugiram ao controle. Alguns anos depois, exigiu um polpudo imposto para devolvê-los e, finalmente, expulsou todos os que se recusaram a se converter. Ao retornar de uma cruzada, porém, precisando novamente de fundos, não apenas obrigou-os a regressar, como proibiu-os de partir, e impôs-se como sócio de suas atividades financeiras. A partir de então, eles só poderiam emprestar dinheiro com o selo do rei, que ficava com um quinto dos juros cobrados.

Tradicionalmente habituados ao comércio com o Oriente, os judeus eram hostilizados também por suposta simpatia pelos muçulmanos, que os europeus consideravam infiéis e combatiam nas Cruzadas. Seus descendentes só foram reconhecidos como cidadãos franceses de pleno direito após a Revolução de 1789. Mas o antissemitismo nunca arrefeceu completamente na França, como demonstra o célebre Affaire Dreyfus, o Caso Dreyfus, referência ao escândalo político do final do século XIX em que um oficial judeu do exército, Alfred Dreyfus, foi acusado injustamente de passar segredos militares aos alemães. E acabou condenado, após um processo flagrantemente fraudulento, à prisão perpétua e ao desterro na infame Île du Diable (Ilha do Diabo), na Guiana Francesa.

No ambiente de xenofobia que então dominava a França, após sua humilhante derrota para a Alemanha na Guerra Franco-Prussiana de 1870, o episódio polarizou profundamente o país, com republicanos e liberais identificando-se como *dreyfusards,* em oposição aos conservadores e monarquistas, os *antidreyfusards,* numa disputa que manteve o país fraturado por mais de uma década. Pois, por mais que se multiplicassem evidências que inculpavam outro oficial, o alto comando militar recusou-se a reconhecer o erro judiciário e a rever a sentença.

A farsa deu origem ao famoso libelo *J'Accuse* (*Eu acuso*), em que o escritor Émile Zola denunciou o caráter antissemita da conspiração, num texto que se tornaria referência universal contra o antissemitismo e a injustiça. As paixões provocadas pelo caso também inspiraram um judeu austríaco chamado Theodor Herzl a começar a defender a criação de uma pátria para o seu povo. Herzl, que acompanhara como jornalista a humilhante cerimônia de degradação militar de Dreyfus, no pátio da École Militaire, ao lado do Hôtel des Invalides, dedicou-se, a partir de então, à organização do movimento sionista, que contribuiria para o surgimento do Estado de Israel, em 1948.

Em retrospecto, a fúria antissemita deflagrada contra Dreyfus parece um prenúncio da violência que se abateria sobre os judeus de Paris, décadas depois, durante a ocupação nazista da Segunda Guerra Mundial. E que alcançou seu paroxismo em 15 de julho de 1942, quando o governo colaboracionista do Marechal Pétain mandou prender 13.152 deles, entre os quais 6.100 crianças, que foram depois deportados para o campo de concentração de Auschwitz, na Polônia, de onde menos de uma centena conseguiu retornar. Entre as crianças, a maioria habitava o Marais, e não há como percorrer o bairro sem se comover com as placas que registram sua memória nas casas onde viveram e nas escolas que frequentaram.

Uma das paradas obrigatórias é o Mémorial de la Shoah (Memorial do Holocausto), na Rue Geoffroy l'Asnier, que lista os nomes de parte dos 75 mil deportados de toda a França. A seu lado, outro monumento, Le Mur des Justes (O Muro dos Justos), celebra, por sua vez, os cerca de quatro mil franceses que arriscaram a vida para tentar salvá-los. Já no décimo quinto *arrondissement,* junto à estação de metrô Bir-Hakeim, na esquina da Rue

Nélaton com o Boulevard de Grenelle, apenas uma pequena placa marca o local do já desaparecido e funestamente célebre Vélodrome d'Hiver, ou Velódromo de Inverno – o centro esportivo conhecido como Vél d'Hiv no qual as famílias judias ficaram presas por vários dias, sem água nem comida, antes de serem encaminhadas aos trens que as levariam para a morte.

Esse drama, de certa forma, remete a outra onda de perseguição ocorrida no Marais quase sete séculos anos antes, esta contra os próprios fundadores do bairro, os templários, responsáveis por transformar em local habitável a região pantanosa que haviam recebido da Coroa em troca do financiamento de uma cruzada. Tratava-se de aristocratas que, por volta de 1118, se autonomearam "Cavaleiros de Cristo", com o propósito de recuperar os lugares sagrados da cristandade, então ocupados por muçulmanos. No entanto, embora adotassem votos de pobreza, eles acabaram acumulando fortuna e poder sem paralelo à época.

Por trás da mítica religiosa e das lendas de cavalaria, as cruzadas eram também um empreendimento mercantil, que explorava o comércio entre o Oriente e o Ocidente. E a Ordem, dona de frotas navais que percorriam as principais rotas do Mediterrâneo, dominava quase todas as dimensões do negócio, incluindo a financeira. Diante da insegurança das estradas e da frequência dos naufrágios, que colocavam em risco o transporte de dinheiro, ela introduziu, de forma pioneira, atividades bancárias que se tornariam comuns apenas muito mais tarde, como operações de contas-correntes, transferências e câmbio.

Ao especular com as diferenças de câmbio, os templários conseguiam também contornar a proibição eclesiástica da usura e, dessa forma, acumular lucros vultosos. Sua riqueza tornou-se tão impressionante que ajudou a difundir o mito de que teriam descoberto a pedra filosofal e, por meio da alquimia, aprendido a transformar chumbo em ouro. Por volta de 1250, apesar de vários reveses militares sofridos nas cruzadas, eles eram proprietários de um terço de Paris, além de possuir uma infinidade de castelos e fortalezas na Europa e no Oriente, garantidos por um exército de 30 mil homens.

A Ordem detinha ainda total autonomia administrativa em relação tanto ao rei quanto ao papa na vasta área dominada por sua fortaleza no Marais, que incluía a mística torre situada na Rue du Temple, onde hoje se ergue uma praça chamada Square du Temple e o centro cultural e esportivo Carreau du Temple.

PARA ENTENDER PARIS

Tamanho poder acabaria, inevitavelmente, por despertar hostilidades. Em outubro de 1307, após acumular uma dívida impagável com a Ordem, o rei Filipe IV, conhecido como "Filipe, o Belo", mandou prender seus dirigentes, entre os quais o grão-mestre Jacques de Molay e seu associado Geoffroy de Charnay, sob a acusação de prática de heresia, sodomia e rituais demoníacos. Após um longo processo, marcado por suspeitas de irregularidades, ambos terminaram condenados à morte e foram queimados vivos na antiga Île des Juifs (Ilha dos Judeus), atualmente a aprazível Square du Vert Galant, situada sob a Pont Neuf, tema do capítulo 11.

Segundo relatos e lendas da época, Molay teria jurado inocência, pedido para ser queimado com o rosto voltado para a Catedral de Notre--Dame, e lançado uma maldição sobre o rei, que assistia à cena, e sobre o papa Clemente V, o qual se negara a intervir em seu favor na fase final do processo. "Logo a desgraça se abaterá sobre os que nos condenam à morte", praguejou. "Antes de um ano vocês comparecerão diante do tribunal de Deus para receber seu castigo."

Pode-se não acreditar em imprecações, mas o fato é que o papa morreu subitamente um mês depois. Filipe, então o monarca mais poderoso da Europa, faleceu também logo em seguida, após um acidente de caça. E, embora contasse com três filhos para sucedê-lo, todos acabaram morrendo prematuramente, sem deixar herdeiros. A maldição teria se estendido ainda a vários de seus descendentes, pondo fim à longeva dinastia dos Capetos, que governara a França por nada menos do que trezentos anos, como relembra uma popular série de romances históricos do acadêmico Maurice Druon, intitulada *Les rois maudits* (*Os reis malditos*). E, como se a praga rogada por Molay fosse de fato presciente, a França embarcou então, após uma fase de prosperidade, num longo período de violência e miséria, "o terrível século XIV", nosso assunto do próximo capítulo.

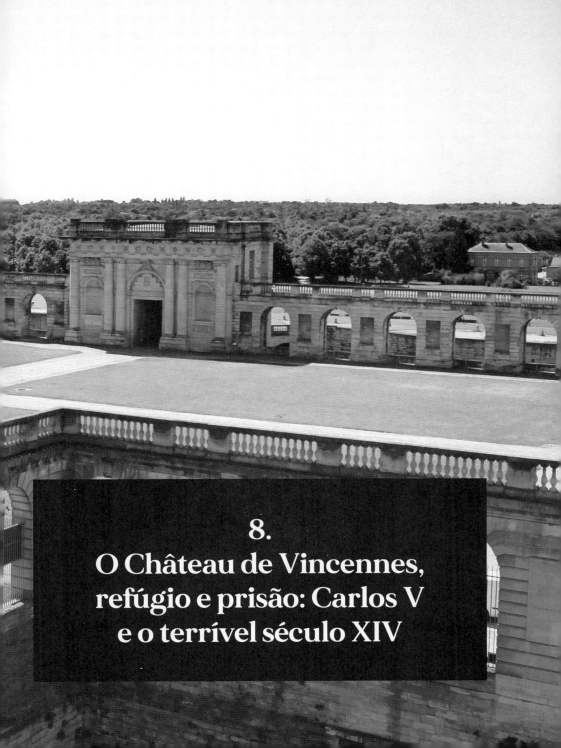

8.
O Château de Vincennes, refúgio e prisão: Carlos V e o terrível século XIV

A torre de defesa do Château de Vincennes, um bastião contra os ingleses

Q uem atravessar Paris pela linha 1 do metrô, partindo da sua extremidade oeste, junto ao bairro futurista La Défense, em direção ao leste, experimentará a sensação de uma volta abrupta no tempo, como se houvesse regredido sete séculos na história. Isso porque, ao desembarcar na última estação, estará diante de um gigantesco castelo medieval, uma daquelas construções típicas de contos de fadas, com torres fortificadas, ameias, seteiras e fossos, que parece surrealmente transplantada para a paisagem da Paris contemporânea. É o Château de Vincennes, que foi residência real e fortaleza da cidade num dos períodos mais conturbados de sua história, o século XIV, quando os parisienses enfrentaram peste, fome e insurreições políticas, além da interminável Guerra dos Cem Anos contra a Inglaterra.

Foi durante esse conflito, causado por uma disputa pela sucessão do trono, entre 1337 e 1453, que surgiu a lenda de Joana d'Arc, a célebre camponesa guerreira que alegava atender a um chamado divino para salvar a França. Como num romance de cavalaria, e contra todas as probabilidades, ela convenceu o então herdeiro real, Carlos VII, que lutava para assegurar seu direito à Coroa, a entregar-lhe o comando de suas tropas. Em seguida, para estupefação geral, conseguiu romper o cerco inimigo à cidade de Orléans e garantir a coroação. Mais tarde, contudo, acabou derrotada, o que levou os ingleses a invadir e ocupar Paris por dezesseis anos.

Joana d'Arc foi capturada e queimada viva em 1431, sob acusação de heresia. Mas suas façanhas cresceram na imaginação dos franceses, que a celebram até hoje como patrona do país. Todo mês de maio, por exemplo, uma cerimônia em sua homenagem acontece em frente à imponente estátua equestre que a retrata, de estandarte em punho, na Place des Pyramides, em frente ao Jardin des Tuileries.

A arquitetura do Château de Vincennes, com as pesadas muralhas defensivas que o circundam, é representativa dessa época de guerra permanente, em que os reis lutavam não apenas contra inimigos externos, mas também para impor sua autoridade à nobreza. Somente a partir do Renascimento, com a consolidação da monarquia, as construções passaram a privilegiar a beleza, e os castelos tornaram-se palácios elegantes, especialmente no Val du Loire, o Vale do Loire. Os fossos, sugestivamente, foram convertidos em espelhos d'água, e as seteiras deram lugar a janelas para observar a paisagem agora mais serena do entorno.

Fora justamente em busca de segurança, para fugir das seguidas incursões inimigas na capital, que o avô de Carlos VII, Carlos V, havia decidido, no século anterior, mudar-se do Château du Louvre, que ele passara anos ampliando e embelezando, para o rústico castelo de Vincennes, onde nascera, nos arredores da cidade, e cujo uso ficara reduzido às temporadas reais de caça no bosque em seu entorno, parte do qual subsiste até hoje como uma das atrações de Paris. Antes, porém, providenciou a construção de um novo sistema defensivo para a cidade – que crescera além dos limites da antiga muralha de Filipe Augusto –, que incluiu a famosa Bastille, formidável torre fortificada erguida na sua extremidade leste, que seria transformada em prisão séculos mais tarde, e cuja derrubada pelos parisienses assinalou o início da Revolução Francesa, em 1789.

Outro componente desse aparato defensivo de Carlos V era o vasto conjunto de edificações da Abbaye de Saint-Germain-des-Prés, um monastério beneditino que funcionava praticamente como cidade autônoma na então quase despovoada margem esquerda do Sena. E que está na origem do bairro que leva seu nome, um dos mais glamorosos da cidade, o trecho do sexto *arrondissement* conhecido como Saint-Germain-des-Prés. Além da igreja e do convento ali situados desde o século VI, a abadia incluía hospital, prisão e escola, numa área correspondente a vários quarteirões do bairro atual.

De toda essa vasta estrutura resta apenas a encantadora Église de Saint-Germain, uma das mais antigas da cidade. E cuja singela torre milenar, única sobrevivente das três originais, agora parece insolitamente deslocada ao lado das lojas de marcas de luxo do seu entorno e de dois dos cafés mais cultuados de Paris: o Les Deux Magots e o Café de Flore, que ganharam fama após a Segunda Guerra Mundial como ponto de encontro de intelectuais, políticos e artistas.

Carlos V, que transformou o Château de Vincennes em residência real, havia ascendido ao trono como regente, em 1356, em condições extremamente adversas, depois que seu pai, João II – conhecido como "João, o Bom" –, foi aprisionado durante uma batalha contra os ingleses. E precisou confrontar, logo de imediato, os três flagelos colossais que marcaram o século XIV: além da guerra e da fome que se abatera sobre a Europa após a perda de colheitas sucessivas, a terrível peste negra, que chegara à França por meio de navios vindos do Oriente e atracados no porto de Marseille.

Calcula-se que nada menos do que a metade da população francesa tenha morrido em consequência dessa conjunção de calamidades. Em Paris, a pandemia foi tão devastadora que os arredores da Catedral de Notre-Dame viviam encobertos de cadáveres e ratos. Estes teriam se multiplicado e ajudado a disseminar a doença, porque os parisienses exterminaram os gatos, veja só, acreditando serem eles os causadores da peste.

Já vergado por tantos desastres, o povo foi ainda castigado por um aumento constante de impostos para financiar a interminável guerra contra a Inglaterra, o que acabou provocando uma série de revoltas populares conhecidas como *jacqueries*, incluindo uma rebelião de membros da nascente burguesia que tentava limitar o poder do rei. A primeira sublevação, por sinal, liderada por um rico comerciante chamado Etienne Marcel – cuja estátua equestre se destaca na marginal direita do rio Sena, nas imediações do Hôtel de Ville –, inaugura a longa tradição de rebeldia dos parisienses, que iria culminar, séculos mais tarde, na Revolução Francesa e na Comuna de Paris.

Marcel, que chegou a invadir o palácio real da Île de da Cité com 3 mil homens para derrubar o monarca, acabou traído e assassinado. E Carlos V foi, aos poucos, retomando o controle do país, reconquistando os territórios perdidos e consolidando-se no trono. Ao mesmo tempo, promovia obras para transformar o Château de Vincennes na sede da monarquia e ganhava fama como "Carlos, o Sábio", já que era particularmente erudito para os padrões da época. Mandou traduzir vários clássicos do latim para o francês, fazia questão de ler pelo menos uma hora por dia, e criou a primeira biblioteca real da França.

Seus aposentos em Vincennes, embora desprovidos dos acabamentos originais em lambri de carvalho, tapeçarias e adornos que maravilhavam os visitantes estrangeiros no século XIV, ainda impressionam, especialmente após recentes restauros. E nos transportam, como por magia, à atmosfera e aos costumes da Paris medieval, graças às memórias deixadas por outra personagem extraordinária que ali viveu: a filha do médico e astrólogo do rei, Christine de Pizan, uma italiana culta e visionária, autora de uma das raras autobiografias femininas daqueles tempos. Seus relatos, reproduzidos em vídeo, com o apoio de música e ilustrações da época, parecem trazer o castelo de novo à vida.

A importância de Vincennes deve-se também à sua bem preservada Sainte-Chapelle, construída nos moldes da de Paris, cujo portal é considerado um dos mais perfeitos exemplares do chamado gótico flamejante, a fase final do estilo gótico na França. Além dos vestígios do longo período em que o castelo foi utilizado como prisão, em função do caráter inexpugnável de sua torre e dos calabouços situados nos subterrâneos, já que ali foram confinadas, ao longo dos séculos, várias personalidades da história da França.

Os prisioneiros incluíram os mais diversos tipos de desafetos da monarquia. Entre eles, grandes pensadores, como o filósofo do Iluminismo François-Marie Arouet, conhecido como Voltaire, que satirizava os poderosos com sua verve implacável, e o enciclopedista Denis Diderot, punido por seus escritos considerados imorais e antirreligiosos. E também nobres, como o ministro de finanças de Louis XIV, Nicolas Fouquet, condenado por corrupção, e que atraíra a ira do rei por ter construído um castelo que rivalizava com o dele: o esplêndido Vaux-le-Vicomte, a 50 quilômetros a sudoeste de Paris.

A lista inclui ainda Donatien Alphonse François de Sade, o famoso marquês celebrizado por romances libertinos, que ali passou duas longas temporadas. A segunda delas, em 1777, a pedido da própria família, para impedir que fosse condenado à morte, após ter envenenado uma prostituta. Como castigo por seu comportamento rebelde, Sade ficou confinado durante sete anos numa das piores celas de Vincennes, úmida e infestada de ratos. Ainda assim, continuou escrevendo suas novelas, antes de ser transferido para a prisão La Bastille, de onde terminou libertado após a revolução, em 1790. Entre um e outro texto, redigia longas e comoventes cartas para a esposa, trechos das quais são hoje projetados nas paredes da cela que ocupou.

Já o pátio da prisão guarda a lembrança, bem mais recente, de um fuzilamento ali ocorrido em 1917, durante a Primeira Guerra Mundial: o da dançarina holandesa e espiã Margaretha Zelle, mais conhecida como Mata Hari, última prisioneira famosa de Vincennes e outra personagem da história de Paris, como tantas, envolta em mito e mistério.

Perseguido e exilado, Voltaire conquistou o coração dos parisienses e um lugar na história como expoente do Iluminismo

9.
O Château de Fontainebleau e Francisco I: o esplendor do Renascimento (século XVI)

Parte de um antigo convento incorporada ao castelo, a Chapelle de la Trinité (Capela da Trindade) é uma das pérolas de Fontainebleau

P ara mergulhar na história de Paris, às vezes é preciso explorar os castelos das redondezas. Em especial o espetacular Château de Fontainebleau, a cerca de 70 quilômetros ao sul da cidade, que foi residência de nada menos do que 34 soberanos franceses ao longo de oito séculos, o que significa que seus magníficos salões e quase 1.500 cômodos testemunharam muitos dos eventos memoráveis do período, como nascimentos reais, declarações de guerra e conspirações. Com destaque para os episódios envolvendo dois dos mais cintilantes dessa fileira de monarcas: Francisco I, o rei que patrocinou o Renascimento na França e a reconstrução do castelo, no século XVI, e o general que, trezentos anos mais tarde, transformou o país em um império, Napoleão Bonaparte.

Ambos gostavam de passar longas temporadas em Fontainebleau, após suas constantes viagens e campanhas militares. E fizeram questão de deixar registrada essa afeição ao lugar mandando esculpir no umbral dos aposentos reais, como é possível conferir ainda hoje, os seus símbolos pessoais: a águia de Napoleão e a salamandra de Francisco I. Esse réptil, que, segundo a mitologia, seria intocável pelo fogo, foi escolhido para Francisco I por sua mãe, a culta condessa Luísa de Saboia, quando ele tinha apenas 10 anos e remotas chances de se tornar rei, como se ela pressentisse o fabuloso destino que aguardava o filho, hoje reconhecido como um dos monarcas mais importantes da França, por ter resgatado o país do longo período de estagnação do século anterior.

Alto, de porte atlético e extrovertido, Francisco encantou os contemporâneos logo que ascendeu ao trono, em 1515, para suceder o sogro, o rei Luís XII, que morrera sem deixar herdeiros. Como era também extremamente vaidoso, impôs um novo parâmetro de luxo para a corte, disseminando o uso de sedas, veludos e plumas entre a aristocracia. A elegância iria se tornar, a partir de então, um emblema de poder tão importante para indicar o *status* de um nobre quanto fora, anteriormente, a quantidade de soldados de que podia dispor para uma batalha.

Mas Francisco tinha também vocação militar, como era praxe entre os reis da época, e empreendeu uma série de guerras pela supremacia na

Europa, sobretudo contra o imperador da Espanha e do Sacro Império Romano, Carlos V. Começou levando vantagem, ao conquistar o ducado de Milão, mas acabou derrotado e caindo prisioneiro. Em consequência, permaneceu um ano encarcerado em Madri, recusando-se a ceder às exigências do adversário, antes de concordar com os duros termos impostos para sua libertação. Além de ceder territórios e comprometer-se a pagar um resgate, teve que entregar os dois filhos pequenos como reféns, em garantia do cumprimento do acordo: o herdeiro do trono, Francisco, e o mais novo, Henrique, de apenas 7 anos, e que se tornaria mais tarde o rei Henrique II, personagem do próximo capítulo.

Foi após seu retorno a Paris que ele decidiu transformar o decadente castelo de Fontainebleau num palácio majestoso, para projetar o novo *status* de potência da França, que acabara de adquirir suas primeiras colônias na América e fechar uma aliança comercial com o Império Otomano. Encantado com o florescer artístico do Renascimento, que presenciara em suas estadias na Itália, passou a dedicar-se então ao desenvolvimento da cultura e das artes, inaugurando um novo ciclo na história do país.

Francisco começou atraindo artistas e arquitetos italianos de renome, como Andrea del Sarto, Benvenuto Cellini e um gênio ainda pouco conhecido, Leonardo da Vinci, para empreender uma série de projetos ambiciosos que iriam atravessar os tempos. Um deles é o conjunto de afrescos destinado a registrar seus feitos para a posteridade na magnífica galeria de Fontainebleau que leva seu nome – e que se recomenda visitar com algum tipo de guia para entender as analogias inspiradas na mitologia grega por trás de cada cena.

Apaixonado pela cultura clássica, investiu também contra o obscurantismo no campo das ideias. Como a Sorbonne, dominada pela Igreja Católica, proibia o estudo dos filósofos da Antiguidade, e Francisco não queria se indispor com o Vaticano, ele tratou de fundar uma nova instituição de ensino, o Collège de France, onde se permitia ensinar praticamente qualquer disciplina. E que mantém essa tradição até hoje, oferecendo inúmeros cursos de livre frequência em sua sede, no Quartier Latin.

Outro legado valioso foi sua rica biblioteca pessoal, a qual formou a base da Bibliothèque Nationale de France, atualmente proprietária de um acervo tão descomunal que teve de ser distribuído por diversos edifícios em Paris. Os mais impressionantes são o Site Richelieu, no segundo *arrondissement*, que preserva o estilo clássico da construção original do século XVII, e o seu contraponto de visual contemporâneo, o Site François Mitterrand, localizado no outro lado da cidade, no décimo terceiro *arrondissement,* e composto de quatro enormes torres de metal e vidro dispostas de modo a representar quatro livros abertos.

Fascinado por arquitetura, Francisco I dedicou-se também a construir e reformar castelos de modo quase obsessivo, devendo-se a ele alguns dos monumentos mais preciosos do patrimônio francês. A começar pelo Château du Louvre, reformado sob seu comando com um projeto neoclássico tão ambicioso que os trabalhos consumiram quase um século. Sua marca é especialmente presente também no Val du Loire (Vale do Loire), apelidado Vale dos Reis, pela coleção de quase 300 castelos, que incluem alguns dos mais belos do mundo.

O Château de Blois, por exemplo, onde ele passou a infância, foi reformado e ampliado. O de Amboise, onde também viveu, passou por uma restauração peculiar, de modo que cada uma das alas ilustra a arquitetura de um diferente período histórico. Mas nenhum deles se compara ao extravagante Château de Chambord, concebido a partir de uma simbologia enigmática, num projeto visionário para o qual teria contribuído o próprio Leonardo da Vinci.

O artista italiano, por sinal, que presenteou Francisco I com a célebre *Mona Lisa* ao mudar-se para a França, viveu em outro castelo não muito distante dali, o Clos Lucé, por cortesia de seu mecenas, nos braços do qual teria morrido. E conhecer essa última morada de da Vinci, transformada em museu, bem como seu túmulo, numa singela capela do Château d'Amboise, é uma daquelas experiências que não se esquece.

O mesmo vale para o Château de Chambord, talvez a obra máxima de Francisco I. Circulando pelos seus cerca de 400 cômodos, parte dos quais ostenta no umbral da porta, como em Fontainebleau, a salamandra símbolo do monarca, fica mais fácil entender por que ele é até hoje tão cultuado pelos franceses. No entanto, a reputação de patrono do Renascimento não chega a apagar o lado sombrio de sua biografia: o fato de ter sacrificado os filhos para salvar a pele e o trono. Como ele renegou o acordo selado para sua libertação, alegando que o assinara sob coação, os meninos permaneceram quatro anos presos, em seu lugar, numa masmorra de Madri.

Esse contraste entre luz e sombra, por sinal, é característico da história de Fontainebleau, onde convivem tanto memórias de momentos gloriosos quanto de episódios funestos. Do lado festivo, o percurso de seus suntuosos salões permite imaginar o fausto das inúmeras celebrações ali promovidas, especialmente durante o longo período em que a França foi comandada por uma das noras de Francisco I, a rainha Catarina de Médici, personagem do próximo capítulo. As festas de Catarina, que duravam vários dias, superaram tudo o que se havia visto até então na França, já que, além dos tradicionais bailes de máscaras, incluíam fogos de artifício, espetáculos teatrais e fabulosos desfiles de embarcações no grande lago que ladeia o castelo, onde atualmente turistas se deleitam em barcos a remo.

Mas Fontainebleau foi também palco de momentos dramáticos, como a primeira abdicação de Napoleão Bonaparte, em 1814, após sua derrota para uma aliança de potências europeias. Uma humilhação acachapante para aquele que fora justamente o responsável por restaurar a magnificência do castelo, após os saques e a destruição parcial ocorridos durante a Revolução Francesa. Ali, no auge do poder, em 1804, o lendário general decidira coroar-se imperador. Dez anos depois, teve de confrontar a derrocada na mesma sala do trono, ainda preservada em sua aparência da época.

Informado de que seus principais generais o haviam abandonado, e sem meios de resistir à rendição, Napoleão desceu a enorme escada em formato de ferradura da entrada principal e despediu-se, com voz embargada, dos últimos oficiais que lhe permaneciam fiéis, antes de partir para seu primeiro exílio, na Ilha de Elba. Anos mais tarde, na solidão de seus últimos dias durante o segundo desterro, na Ilha de Santa Helena, após a derrota definitiva de 1815 na Batalha de Waterloo, era do seu castelo preferido, entre os inúmeros que habitou em suas andanças pela Europa, que ele se lembrava com nostalgia. "Aquela, sim, era uma verdadeira morada de reis", registrou em suas memórias. "Uma casa para atravessar os séculos."

O globo encomendado por Napoleão I na Galerie de Diane, transformada em biblioteca do castelo

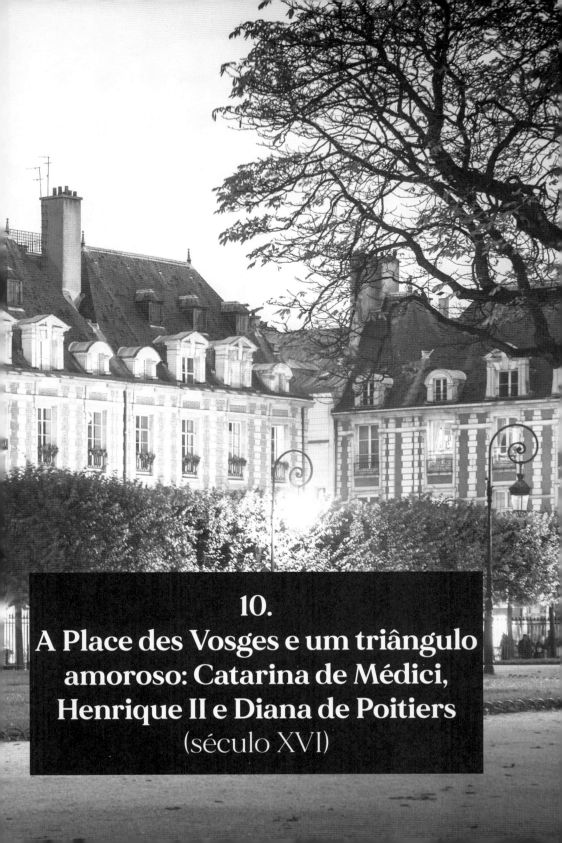

10.
A Place des Vosges e um triângulo amoroso: Catarina de Médici, Henrique II e Diana de Poitiers
(século XVI)

A mais antiga praça de Paris, a Place des Vosges, no Marais, construída entre 1605 e 1612 pelo rei Henrique IV, é tão popular entre os parisienses quanto entre os turistas. Talvez devido à harmonia de sua configuração, com jardins circundados por edifícios de fachadas idênticas, em tijolos aparentes. Ou à simetria de suas arcadas, concebidas para abrigar os produtores de seda que Henrique planejava atrair da Itália, a fim de reduzir os gastos com a importação do tecido. Mas a maioria dos que a frequentam desconhece a tragédia ocorrida nas proximidades há cinco séculos, envolvendo alguns dos personagens mais memoráveis da história de Paris: a rainha Catarina de Médici, seu marido, o rei Henrique II, e a amante deste, a bela e carismática Diana de Poitiers. Um triângulo amoroso que mesmerizou a França da época e continua a fascinar, até hoje, seguidas gerações.

Era uma tarde de verão de 1559, e Paris festejava a assinatura de um tratado de paz com a Espanha. Se para o populacho a ocasião significava comida e bebida fartas, para a nobreza o ponto alto eram as justas, torneios entre cavaleiros que imitavam combates reais – como o que se realizava naquele dia nos arredores do Hôtel des Tournelles, a residência real situada próximo ao local da atual Place des Vosges e já desaparecida. Ao contrário da maioria dos reis, que se limitava a assistir a essas disputas violentas, o atlético e vaidoso Henrique, no vigor dos seus 40 anos, fazia questão de se exibir. Ele já havia participado de vários confrontos, mas insistiu em um embate final contra o nobre que mais brilhara na competição, Gabriel de Lorges, conde de Montgomery. Terminou jogado ao solo, com um olho perfurado pela lança do adversário e a cabeça jorrando sangue.

Dez dias depois, sua morte iria provocar uma reviravolta radical nos destinos da França, ao transformar sua esposa Catarina, herdeira da poderosa família florentina de banqueiros, e até então menosprezada na corte, numa das rainhas mais poderosas, longevas e controversas da história. Embora tenha governado apenas como regente ou eminência parda dos filhos, sua estatura política é unanimidade entre os historiadores, que se dividem apenas na avaliação do seu caráter. Para alguns, foi uma governante manipuladora e maquiavélica, capaz de cometer qualquer crime para defender seus interesses. Para outros, uma estadista de primeira linha, que conseguiu preservar a unidade da França durante um de seus períodos mais conflagrados. Quatro décadas nas quais disputas de poder entre diferentes linhagens da nobreza, que se manifestavam na forma de guerras de religião entre católicos e protestantes, por pouco não fragmentaram o país.

A aristocracia hostilizou Catarina desde a sua chegada à França, ainda adolescente, devido à origem mercantil da família Médici, além do carregado sotaque italiano, que ela manteria até o fim da vida. E passou a desprezá-la abertamente diante das humilhações impostas pelo marido, que exibia em público, e sem pudores, sua paixão desenfreada pela amante. Embora concubinas reais fossem habituais nas cortes europeias, a relação entre Henrique e Diana, vinte anos mais velha, constituía um caso à parte, a começar pelo fato de que ela fora dama de honra de sua mãe – e havia assistido, inclusive, a seu nascimento. Mas sobretudo porque ele teria se apaixonado ainda na infância, com apenas 7 anos, quando ela tentou aplacar sua aflição com um beijo, num momento traumático: o episódio narrado no capítulo anterior, em que Henrique foi entregue como refém ao rei da Espanha, Carlos V, junto com o irmão Francisco, em troca da libertação do pai, Francisco I.

Já adulto, quando assumiu o trono após a morte do pai e do irmão, Henrique passou a tratar a amante como rainha de fato. Para suplício de Catarina, presenteou Diana com as joias mais belas da Coroa e o mais romântico dos castelos do Vale do Loire, Chenonceau. Escolheu sua efígie para estampar o verso das moedas cunhadas durante o reinado e chegou ao extremo de imitar as cores de seu vestuário, o preto e branco que ela adotara após enviuvar de um nobre da Normandia.

Como se não bastasse, mandou também adornar as propriedades reais com um monograma que entrelaçava as iniciais H e C do casal real, de modo a formar no centro um "D" de Diana – embora as intrigas apontassem também no C uma referência à Diana e à lua crescente, símbolo por ela usado em referência à deusa homônima da caça e da lua na mitologia grega. Alguns desses monogramas, por sinal, ainda podem ser identificados em vários locais de Paris – e é divertido tentar localizá-los em pontos turísticos, como em certos umbrais do Museu do Louvre ou na Sainte-Chapelle do Château de Vincennes.

Corpulenta e de feições grosseiras, embora dezenove anos mais jovem que a rival, Catarina não tinha como competir com Diana, ícone de beleza e elegância na corte. Ainda mais porque passou dez anos sem engravidar, situação que a colocava sob a ameaça constante de ser despachada para um convento, destino habitual das esposas e filhas indesejadas da nobreza. Ela só escapou desse infortúnio quando finalmente engravidou, gerando na sequência nada menos do que dez filhos, o que garantiu sua posição como consorte real.

Após a morte de Henrique II, contudo, seus inimigos foram surpreendidos por uma metamorfose completa. O soberano nem sequer havia sido enterrado quando Catarina começou a manobrar para ocupar seu lugar, revelando a sagacidade e o talento político que iriam ajudá-la a governar a França com mão de ferro, ao longo de quarenta anos. Inicialmente como regente do filho mais velho, Francisco II, e depois como eminência parda dos outros dois que ocuparam o trono, Carlos IX e Henrique III.

Astuciosa, ela aliava-se ora aos católicos, da sua própria religião, ora a protestantes, conforme as conveniências do momento, para equilibrar-se no poder. E teria sido justamente a pretexto de conciliar as duas facções, em guerra havia mais de uma década, que arquitetou o casamento da filha Margarida – a bela, cultivada e escandalosa Margot – com o líder dos protestantes, o príncipe Henrique de Navarre, futuro Henrique IV. Justamente o idealizador da Place des Vosges, e que será protagonista do próximo capítulo.

Era para celebrar essa união que as lideranças protestantes estavam reunidas em Paris, em agosto de 1572, quando foram atacadas pelos católicos, na chacina conhecida como Nuit de la Saint-Barthélemy (Noite de São Bartolomeu), uma carnificina hedionda que depois se alastrou pelo país, resultando em algo entre 15 mil e 30 mil mortos. O casamento acabou denunciado como uma cilada, e os ânimos se exaltaram outra vez. Catarina foi acusada inclusive de ter assassinado a mãe de Henrique, Joana, que se opusera ao matrimônio, e que morreu pouco depois de receber como presente da soberana um par de luvas supostamente embebidas com veneno.

A essa altura, ela já tinha, afinal, a reputação de recorrer a quaisquer meios para dar cabo dos adversários, inclusive a poções secretas preparadas pelos herboristas e astrólogos que mandava vir da Itália. Essa disposição para lutar pela sobrevivência teria origem na sua infância como órfã em Florença, num período em que os Médicis haviam caído em desgraça, e seus inimigos tentavam a todo custo eliminá-la. Mas, embora tenha passado a vida recorrendo a artimanhas para se manter no poder, Catarina acabou fracassando no que foi talvez seu principal projeto: assegurar a perpetuação da dinastia da família, os Valois.

Como nenhum de seus filhos deixou herdeiros, a dinastia se extinguiu logo após seu falecimento, com a morte do último deles a reinar, Henrique III – assassinado por um monge dominicano, em represália por ter mandado matar um líder católico. Por ironia da história, a coroa foi parar justamente nas mãos do seu genro protestante, o futuro Henrique IV, que inaugurou a dinastia dos Bourbon, a derradeira da França até a proclamação da república, dois séculos depois.

A rainha não viveu, porém, para assistir a esse desfecho. Terminou seus dias solitária, ainda durante o reinado do filho, e às vésperas de completar 60 anos, no Château de Blois, no Vale do Loire. Por causa do ódio que lhe devotavam os parisienses, não pôde ser enterrada de imediato na Basilique de Saint-Denis, como previa a tradição para a realeza, já que se temia a profanação de sua tumba. E, como faltassem produtos para embalsamar o corpo, acabou sepultada às pressas ali mesmo, no meio da noite, e praticamente em sigilo.

Seus restos mortais só seriam transferidos para uma capela construída para esse fim, junto à basílica, duas décadas mais tarde, mas terminaram lançados a uma vala comum durante a Revolução Francesa, como ocorreu com os despojos de quase todos os reis ali sepultados. O que foi depois supostamente recuperado repousa hoje na basílica sob o belo túmulo que ela deixou encomendado antes de morrer – no qual se fez representar, como mencionado no capítulo 3, ajoelhada ao lado de Henrique II, o marido que, apesar de todas as contrariedades, muito amara. Tanto que, após sua morte, passou o resto da vida de luto e mandou reduzir a pó o Hôtel des Tournelles, onde viveram, para tentar apagar a memória da tragédia.

Para substituí-lo, fez erguer ao lado do Louvre um palácio bem mais grandioso, o Palais des Tuileries, que terminaria incendiado três séculos depois, durante a Comuna de Paris, dele restando apenas os jardins do mesmo nome. Como era extremamente supersticiosa, porém, ela habitou por pouco tempo a nova residência. Quando um de seus astrólogos previu que morreria naquela vizinhança, tratou de mudar-se outra vez, agora para o Hôtel de la Reine, que mandou construir no primeiro *arrondissement*.

Também já desaparecido, este ficava nas proximidades do Les Halles, no local onde depois foi construído o belo prédio em formato circular da Bourse de Commerce, a Bolsa de Comércio de Paris, e que atualmente abriga o museu de arte contemporânea Bourse de Commerce – Pinault Collection, com a coleção do megaempresário do mercado de luxo, François Pinault.

Desse último palácio de Catarina restou apenas uma coluna imponente, a Colonne Médicis, ou Colonne Astrologique, já que era ali que seus astrólogos perscrutavam o céu em busca de pistas sobre o futuro. Nela vale tentar localizar, se você estiver nas proximidades, o polêmico monograma que tanto infernizou a vida da rainha, símbolo oficial do casal real, mas também de um dos mais célebres triângulos amorosos da história.

11.
A Pont Neuf e um rei sedutor, Henrique IV
(século XVI)

A estátua do "bom rei Henrique" na Pont Neuf, a primeira erguida em praça pública para um monarca na França e reconstruída após a revolução

A o contrário do que o nome indica, a Pont Neuf, ou Ponte Nova, que há mais de quatrocentos anos liga as margens direita e esquerda do rio Sena, bem no coração de Paris, é na verdade a mais antiga da cidade, única sobrevivente de todas as que existiam no longínquo século XVI. Mas a contradição é apenas aparente. Em 1578, quando começou a ser construída pelo rei Henrique III, último filho de Catarina de Médici a ocupar o trono, ela representava uma inovação radical: seria a primeira em alvenaria, ao contrário das tradicionais em madeira. A obra revelou-se tão desafiante, contudo, especialmente num tempo de tumulto político, que teve de ser interrompida. E permaneceu décadas abandonada, só sendo retomada no reinado do monarca seguinte, Henrique IV, que aproveitou para incorporar outras novidades.

Ele proibiu a construção de moradias sobre a ponte, como era habitual na Idade Média, e mandou instalar na base de um dos seus pilares uma bomba hidráulica para fornecer água do Sena à população. Ela ficaria conhecida como La Samaritaine, em memória da jovem que, segundo a Bíblia, teria dado de beber a Jesus no deserto, em Samaria – nome que seria também adotado pela célebre loja de departamentos ali instalada no final do século XIX, como referência da arquitetura *art nouveau*, e reinaugurada recentemente após um ambicioso projeto de restauração.

Tantos pioneirismos atraíram uma multidão extasiada para a festa de inauguração da Pont Neuf, em 1607, e a transformaram em centro nevrálgico da cidade. Era como um palco sempre barulhento, onde se podia encontrar, a qualquer hora do dia ou da noite, todos os personagens típicos da Paris da época: vendedores ambulantes e mímicos, prostitutas e fidalgos decadentes, menestréis e charlatões vendendo remédios milagrosos. E quatro séculos depois, embora com uma atmosfera totalmente diferente, ela se mantém como um dos eixos centrais da vida parisiense, integrando as duas margens do Sena.

Seu principal atrativo, no entanto, é o excepcional conjunto de vistas panorâmicas, que proporciona verdadeiros cartões-postais de Paris, razão pela qual foi retratada inúmeras vezes por pintores impressionistas, como Claude Monet, Auguste Renoir e Camille Pissarro. Dali, tudo o que se vê deleita o olhar. Se você se colocar à frente da estátua equestre de Henrique IV, situada no meio da ponte, estará diante da singela Place Dauphine, concebida pelo monarca em homenagem ao seu filho, delfim da França e futuro Luís XIII, e que agora representa um raro oásis de tranquilidade em meio à agitação da cidade.

Posicionando-se de costas para o monumento, será brindado com a incomparável paisagem da ponta oeste da Île de La Cité, onde o rio Sena se bifurca para avançar na direção da Catedral de Notre-Dame, tendo ao fundo a romântica Pont des Arts e a silhueta imponente do Louvre. Já ao descer a escadaria para chegar ao nível do Sena, sob a ponte, estará na pequena e encantadora Square du Vert-Galant (Praça do Verde-Galante), cujo nome remete a um dos muitos apelidos de Henrique IV – uma antiga expressão popular usada para se referir a sedutores de meia-idade.

Um dos lugares mais poéticos da cidade, com seus chorões debruçados sobre as águas, a praça esconde, porém, como tantos lugares em Paris, um passado macabro, como registra ali uma discreta placa: as memórias da época em que ela era conhecida como Île aux Juifs, ou Ilha dos Judeus, por ser local das fogueiras onde eles eram queimados vivos durante as perseguições antissemitas, frequentes na Idade Média.

A localização da estátua de Henrique IV no centro da Pont Neuf não se justifica, no entanto, apenas por seu papel na construção da obra. É também uma homenagem à sua reconhecida devoção a Paris, que ali ele contempla do alto do seu cavalo, e ao fato de ser considerado um dos melhores governantes da história da França. Tanto que, apesar de só ter conquistado o trono após uma prolongada guerra civil, em 1589, ele se tornou popular, logo após a morte, como *Le Bon Roi Henri* (O Bom Rei Henrique).

A popularidade se devia, em parte, às suas vitórias militares, que lograram pacificar o país, exaurido após trinta anos de guerras entre protestantes e católicos. Mas pode ser explicada também pela preocupação genuína de Henrique com o bem-estar do povo, uma raridade entre os monarcas da época. E que ficou registrada na frase, a ele atribuída, de que todos os franceses deveriam ter direito, aos domingos, a "um ensopado de galinha no fogão".

Talvez por ter crescido longe da corte, em Navarre, no sudoeste do país, onde brincava em liberdade em meio às crianças plebeias, ele foi um dos primeiros soberanos a intuir que a França não era formada apenas por nobres e príncipes da Igreja, mas também pela gente simples e trabalhadora com a qual convivera. Não surpreende, portanto, que a sua tenha sido a primeira estátua de um rei erguida em praça pública na França, apenas quatro anos após a sua morte. E também a primeira a ser reconstruída, depois que a Revolução Francesa destruiu quase todos os monumentos da monarquia.

Descrito frequentemente por historiadores, no passado, como oportunista e sem escrúpulos, por mudar de fé religiosa ao sabor das conveniências políticas, ele é atualmente reconhecido como um governante com ideias muito à frente do seu tempo. Lutou, por exemplo, pelo direito à liberdade de consciência e de religião e pelo conceito de separação entre Igreja e Estado, ideias que só se consagrariam séculos mais tarde. Acredita-se, aliás, que essa tolerância teria também raízes em suas experiências de infância, já que cresceu equilibrando-se entre o catolicismo do pai, herdeiro distante do trono, e a fé protestante da mãe, em meio ao ódio religioso que polarizava o país.

Quando adulto, Henrique tornou-se líder dos huguenotes, como eram chamados na França os seguidores de Martinho Lutero, fundador do protestantismo. E foi nessa condição que se tornou o personagem central da Nuit de la Saint-Barthélemy (Noite de São Bartolomeu), a matança de protestantes por fanáticos católicos ocorrida em agosto de 1572, durante as celebrações pelo seu casamento com a católica Margarida de Valois, filha da rainha Catarina de Médici e apelidada Margot. Henrique só teria escapado da morte, na ocasião, por sinal, graças à ajuda da noiva, que, embora contrariada com a união, teria traído a própria mãe e os irmãos para salvar-lhe a vida. Apesar disso, os dois nunca se entenderam, não tiveram filhos e viveram separados durante décadas, antes de conseguir finalmente o divórcio.

Nesse ambiente de intrigas, ele chegou a ser aprisionado na fortaleza do Château de Vincennes, mas conseguiu fugir. E após a morte de Henrique III, último dos três filhos de Catarina a ocupar o trono, tornou-se seu legítimo sucessor, como mencionado no capítulo anterior, representando outra linhagem da família real, os Bourbon. Foi preciso, contudo, vencer as resistências à sua origem protestante em uma guerra de cinco anos, que incluiu um cerco prolongado a Paris e castigou duramente a população. A escassez resultante teria sido tão terrível que, segundo alguns cronistas, muitos recorreram ao canibalismo para não morrer de fome.

Nesse período, Henrique renegou várias vezes sua fé, e voltou atrás outras tantas, até converter-se definitivamente ao catolicismo. O episódio estaria na origem da conhecida frase a ele atribuída, embora provavelmente apócrifa, de que Paris "vale uma missa". Ainda assim, ele passou a maior parte dos 21 anos do seu reinado em combates para derrotar focos de resistência e tentar conciliar as facções religiosas rivais, a fim de garantir a liberdade de culto e evitar o esfacelamento da França. O que não o impediu de se dedicar com ímpeto à reconstrução de Paris, devastada pela guerra e pelo cerco.

Além da Pont Neuf e da Place des Vosges, outra de suas realizações é a Place du Louvre, idealizada para valorizar uma antiga entrada do Château du Louvre, em frente à igreja de Saint-Germain l'Auxerrois, frequentada pela família real e pelas numerosas amantes de Henrique. Após a morte da última delas, uma bela oportunista chamada Gabrielle d'Estrées, e já divorciado da rainha Margot, ele foi pressionado a casar-se novamente a fim de assegurar herdeiros para o trono. E acabou aceitando uma união de conveniência com a italiana Maria de Médici, outra egressa da famosa família de banqueiros florentinos e dona de fortuna considerável, que será personagem do capítulo 12.

A relação entre ambos se revelou tão conflituosa, contudo, que ela se tornaria suspeita, anos mais tarde, em 1610, de participar de uma conspiração para o assassinato do marido. Aos 56 anos, Henrique IV foi esfaqueado, não muito longe da Pont Neuf, no primeiro *arrondissement,* por um fanático católico chamado François Ravaillac, que o atacou quando a carruagem em que viajava ficou presa em um congestionamento em frente ao número 11 da Rue de La Ferronnerie, como lembra uma placa no local.

Henrique IV já sofrera, a essa altura, nada menos do que 23 tentativas de morte, muitas patrocinadas pela Companhia de Jesus, a então recém-fundada ordem dos jesuítas que ele havia expulsado do país para impedir o avanço da Inquisição Católica na França. Apesar das evidências de uma conspiração, e mesmo submetido a escabrosas torturas, Ravaillac, no entanto, insistiu que agira sozinho. Acabou esquartejado na antiga Place de Grève, atualmente conhecida como Place de l'Hôtel-de-Ville, em frente à sede da prefeitura de Paris – outro da lista de locais aprazíveis de Paris que escondem um passado soturno, pois era ali que ocorriam as execuções públicas, na forma de enforcamentos ou morte na fogueira, ao longo da Idade Média. E onde funcionou, mais tarde, pela primeira vez, a guilhotina.

PARA ENTENDER PARIS

Situada junto a um dos primeiros portos da cidade, no qual eram desembarcadas mercadorias transportadas por meio do rio Sena, a praça é carregada de história também por ter sido o principal ponto de reunião da população em momentos decisivos ao longo dos séculos, fossem celebrações, tragédias ou revoltas. Como durante as sublevações populares medievais, conhecidas como "jacqueries". Ou a ocorrida na véspera da Tomada da Bastilha, marco inicial da Revolução Francesa, em 1789. Ou ainda, mais recentemente, na noite que antecedeu a liberação de Paris da ocupação alemã, durante a Segunda Guerra Mundial, em agosto de 1944 – razão pela qual a praça foi oficialmente renomeada, em 2003, Esplanade de la Libération.

Quase na frente dela, do outro lado do rio, no Quai Saint-Bernard, onde hoje se situa o Musée de la Sculpture en Plein Air (Museu da Escultura ao Ar Livre), é possível conhecer outro lugar ligado à vida de Henrique IV. Era numa praia do Sena ali existente que ele ensinava a nadar seu herdeiro, o futuro rei Luís XIII. Contrariando os costumes da época, em que os adultos, e em especial os nobres, mal davam atenção às crianças, Henrique era um pai amoroso. Chegava a engatinhar no chão ao brincar com o filho, para espanto dos conselheiros, que consideravam a postura indigna de um rei. O assassinato do pai deixou o menino traumatizado pelo resto da vida, com consequências para o seu reinado e para a França, que veremos no próximo capítulo.

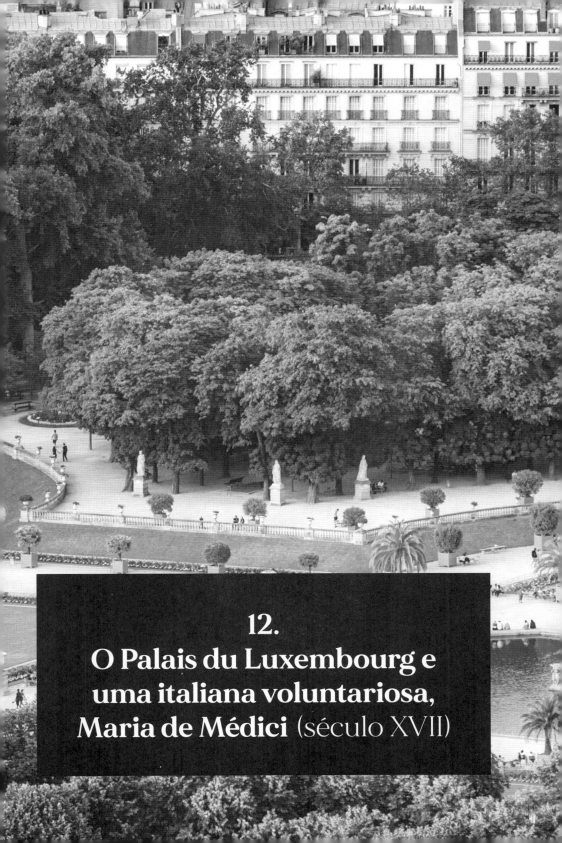

12.
O Palais du Luxembourg e uma italiana voluntariosa, Maria de Médici (século XVII)

A Fontaine Médicis no Jardin de Luxembourg, inspirada nas fontes dos jardins italianos da infância da rainha

Quem conhece Florença experimenta uma sensação de *déjà-vu* diante do Palais du Luxembourg (Palácio de Luxemburgo), situado junto ao jardim de mesmo nome, no sexto *arrondissement*, um dos parques mais elegantes de Paris, com sua enorme esplanada decorada com estátuas de vinte francesas ilustres, incluindo várias rainhas. Atual sede do Senado e do Musée du Luxembourg, a construção foi encomendada justamente por uma delas, Maria de Médici, a esposa italiana de Henrique IV, como uma cópia do palácio florentino onde passara a infância, o Palazzo Pitti.

Parente remota de Catarina de Médici, que a precedeu no poder, Maria compartilhava o gênio voluntarioso e o gosto por intrigas da conterrânea, mas quase nada da sua sagacidade política. O que explica, provavelmente, por que sua passagem pela história da França seja recordada como uma sucessão de conflitos e trapalhadas. Desde sua chegada ao país, aos 25 anos, em 1600, aportando um milionário dote e já casada por procuração com Henrique IV, Maria viveu às turras com o marido, vinte e dois anos mais velho. Ambiciosa e revoltada com a sucessão de amantes dele, transformou seu séquito, dominado por italianos, num polo de conspirações, que teriam supostamente incluído a que resultou no assassinato do monarca.

As suspeitas eram reforçadas pelo fato de, depois de muito adiar, e às vésperas de sua morte, Henrique ter finalmente concordado em coroar a esposa como rainha, antes de partir para mais uma guerra, a fim de que pudesse ocupar o trono como regente em sua ausência. Sem contar que, tão logo morto o marido, ela conseguiu ser designada regente do filho Luís e abraçou o poder com sofreguidão. Mandou construir o Palais du Luxembourg, que transformou em centro das decisões do governo, e passou o resto da vida a brigar com o herdeiro do trono.

Com quase nove anos de idade à época do assassinato do pai, o menino foi coroado às pressas, apenas uma hora depois, para garantir seu direito ao trono, em uma estalagem na esquina das atuais Rue des Grands Augustins e Rue du Pont de Lodi, em Saint-Germain-des-Près, como consta de um registro no local. Em seguida, alegadamente para sua proteção, foi levado para o Château de Vincennes, onde cresceu isolado e carente da mãe, que não disfarçava a falta de instinto materno e a preferência por um filho mais novo, Gastão. Em consequência do abandono, segundo relatos deixados por seu médico, Jean Héroard, ele acabou desenvolvendo uma personalidade autoritária e cruel, além de uma religiosidade doentia, e da gagueira que o afligiria ao longo de toda a vida.

A situação se agravou quando Luís XIII atingiu a maioridade, aos 13 anos, e Maria recusou-se a ceder o poder. Continuou conspirando para controlar a política e a diplomacia com o apoio de um casal de italianos odiado pela corte, os Concinis, além de antagonizar a nobreza e o povo, com o aumento constante de impostos para bancar aventuras militares e satisfazer seu apreço pelo luxo – em especial sua coleção de diamantes e as extravagâncias na decoração do Palais de Luxembourg.

Para completar, obrigou o filho a casar-se, contra a vontade, com uma das infantas da Espanha, Ana da Áustria – assim chamada em função do domínio do país, à época, pela dinastia austríaca dos Habsburgos. Luís XIII só conseguiu se impor aos 15 anos, influenciado por um amigo com quem compartilhava a paixão pela caça, um jovem sem fortuna chamado Charles d'Albert de Luynes contratado para cuidar dos falcões reais, mas que se tornaria em pouco tempo um dos seus conselheiros mais influentes, além de amante favorito, segundo as intrigas da época.

Depois de providenciar o assassinato de Concino Concini nos arredores do Louvre, e lançar uma acusação de bruxaria contra a mulher dele, Leonora Galigai, queimada na Place de Grève, o jovem rei tentou livrar-se da mãe mandando trancafiá-la num dos castelos do Vale do Loire, o de Blois. Porém a voluntariosa Maria de Médici não desistia com facilidade e sabia manipular seus aliados. Apesar de corpulenta, conseguiu fugir por uma das janelas do castelo, descendo de uma altura de 40 metros com as bordas da saia carregadas de joias, e escapou com a ajuda de um certo duque d'Épernon – personagem que, por coincidência, estava na carruagem do seu marido, Henrique IV, quando este foi assassinado. Parece uma novela mexicana? Sem dúvida, mas o drama estava só começando.

Em seguida, ela montou um exército para tentar destronar o primogênito, chegando ao extremo de colocar o filho Gastão, segundo na linha sucessória, à frente das tropas contra o irmão. Ainda assim, quando o estratagema fracassou, conseguiu convencê-lo a perdoá-la. Até que resolveu hostilizar também o principal ministro do rei, Armand-Jean du Plessis, o poderoso cardeal e duque de Richelieu, que fora justamente responsável por promover a reconciliação de ambos. Teria sido a gota d'água: Luís XIII resolveu, enfim, expulsá-la de vez da França.

Devido a essa relação tempestuosa e a seu temperamento difícil, Maria circulou pelas cortes da Europa à escolha de um lugar para o exílio, mas não foi bem-vinda em nenhuma delas. Terminou fixando-se na cidade de Colônia, na Alemanha, na casa do artista flamengo Pierre Paul Rubens, um dos expoentes do estilo barroco, de quem fora mecenas. E ali faleceu, aos 67 anos, apenas um ano antes de Luís XIII, que jamais voltou a ver.

Sua figura altiva ficou registrada para a posteridade em um célebre retrato pintado por Rubens, pertencente à coleção do Museu do Prado, na Espanha. Já o Museu do Louvre exibe o chamado *Cycle de Marie de Médicis*, uma série de 24 telas gigantescas com os principais episódios de sua biografia, que ela encomendou ao artista para decorar uma ala do Palais du Luxembourg – embora se trate de uma narrativa falsificada, calcada em analogias à mitologia grega para glorificar seus feitos, e que não foi suficiente para reabilitar sua reputação de encrenqueira.

Felizmente, para os amantes de Paris, ela deixou como legado o Jardin de Luxembourg, cujas alamedas e gramados, repletos de atrações para todos os gostos e idades, encantam desde então franceses e estrangeiros. Além da deslumbrante Fontaine de Médicis (Fonte dos Médicis), há um espelho d'água com veleiros de brinquedo, um coreto para apresentações musicais, quadras de esporte, um teatro de marionetes e até um apiário. Sem contar as lembranças que se pode evocar entre suas alamedas, como as piruetas da bailarina norte-americana Isadora Duncan, que morou nas redondezas no começo do século XX, e ali costumava dançar ao alvorecer, descalça e com túnicas esvoaçantes, no estilo vanguardista que a tornou famosa.

Consta ainda que outro frequentador da mesma época, o escritor americano Ernest Hemingway, teria matado a fome com os pombos do lugar durante sua fase de penúria na cidade. E não há personalidade francesa ou internacional que, vivendo ou passando por Paris nos últimos três séculos, não tenha vivenciado alguns bons momentos no esplêndido jardim de Maria de Médici.

13.
Versalhes, o palácio de Luís XIV, e as amantes do Rei Sol
(século XVIII)

A magnífica *Galerie des Glaces* (Galeria dos Espelhos), símbolo do apogeu da monarquia francesa

Luís XIV personificou o poder absoluto ao proclamar "O Estado sou eu". Costumava assinar "Nós, Luís, rei", recorrendo ao chamado "nós majestático" como expressão de sua autoridade inconteste durante 72 anos de reinado, o mais longo da história. E construiu um palácio colossal, o Palácio de Versalhes, uma das atrações turísticas mais visitadas do mundo, como projeção da magnificência de seu império. No entanto, apesar de conquistas políticas e militares espetaculares, Luís XIV é lembrado em particular por sua coleção de amantes, as quais competiam por seus favores, pública e despudoradamente, nos salões de Versalhes.

Ele viveu cercado de atenções femininas desde a infância, como objeto da adulação absoluta da mãe, a rainha Ana da Áustria, e seu séquito de cortesãs. E não faltavam razões para essa adoração, já que ela passara nada menos do que 23 anos tentando engravidar. Menosprezada por Luís XIII, o marido taciturno que a desposara a contragosto, vivera todo esse tempo sob a ameaça de ser despachada para um convento, destino das rainhas inférteis.

Compreende-se, portanto, que o nascimento do herdeiro tenha sido celebrado como um milagre, em agradecimento ao qual ela mandou construir um convento com uma das mais belas igrejas de Paris, Val-de-Grâce, um refúgio de paz e encantamento próximo ao Jardin de Luxembourg, no quinto *arrondissement*. Após a morte do marido e tendo sido designada como regente do filho, rei com apenas 5 anos, Ana teve de redobrar ainda mais os cuidados com o primogênito, cuja vida era constantemente ameaçada por uma série de rebeliões da nobreza, conhecidas como La Fronde.

Foi durante uma delas, por sinal, que a família, incluindo um irmão mais novo do rei, Filipe, precisou fugir às pressas, e de madrugada, de sua residência no Palais-Royal, para abrigar-se no Château de Saint-Germain-en-Laye, a 28 quilômetros da capital – o castelo onde Luís XIV nascera e que atualmente sedia o interessante Musée des Antiquités Nationales, cujo acervo reúne registros da história da França desde a Pré-História.

Esse episódio, segundo alguns historiadores, teria influenciado a decisão de Luís XIV, já adulto, de transferir a corte para Versalhes, então um rústico castelo de caça que fora frequentado por seu pai. O monarca nunca teria se esquecido do pavor da fuga e jamais se sentiria seguro em Paris. O trauma teria inspirado, por sinal, uma das mais belas esculturas por ele encomendadas para os jardins do palácio, a que retrata uma cena da mitologia grega no alto da esplêndida Fontaine de Latone (Fonte de Latona) – que se recomenda como um bom lugar para iniciar as visitas ao local, já que ajuda a entender o senso de predestinação que pautou a vida de Luís XIV e sua obsessão por Versalhes.

Primeira mulher de Zeus, Latona teria sido obrigada a fugir do Olimpo com os filhos Apolo e Diana, para protegê-los da ira de Hera, a segunda mulher do deus grego – uma analogia bem ao gosto da época com os infortúnios da infância do monarca. O próprio palácio, como um todo, é carregado de simbolismos, como um cenário teatral que tivesse sido montado especialmente para a encenação da vida fabulosa de Luís XIV, que escolheu o sol como símbolo do seu reinado. E elevou a arquitetura, a arte e o paisagismo à condição de política de Estado, convocando os melhores artistas do período para glorificar a monarquia e a França, então em seu apogeu como potência imperial, no que seria denominado Le Grand Siècle (O Grande Século).

Os jardins, por exemplo, foram planejados pelo famoso paisagista André Le Nôtre, com base em princípios geométricos, como uma representação abstrata do cosmo, com o rei celebrado como Apolo, o Deus Sol, na fonte de mesmo nome. Como as demais fontes de Versalhes, no entanto, essa só jorrava água durante a passagem de Luís XIV ou em dias de festa, pois, apesar da suntuosidade do palácio, especialmente nos aposentos reais e na magnífica Galeria dos Espelhos – com seus 73 metros de extensão e 357 espelhos –, ele nunca dispôs de abastecimento de água adequado. Isso constituía uma das muitas aflições da aristocracia, que fora obrigada a abandonar seus próprios palácios em Paris para viver confinada e com menos confortos numa região praticamente rural.

Em Versalhes, os nobres tiveram que se submeter também a uma série de novas regras de etiqueta inventadas pelo rei, que transformou até mesmo rotinas de seu cotidiano – como o vestir-se ao despertar, as refeições ou o despir-se no final do dia – em cerimônias rigidamente coreografadas como atrações para a corte e convidados. Em compensação, a aristocracia desfrutava de festas suntuosas, além de espetáculos de teatro e música, organizadas para impressionar embaixadores e visitantes estrangeiros e fazer propaganda dos produtos franceses.

Luís XIV estava decidido a transformar a França em referência na manufatura de artigos de luxo. Tanto que proibiu a importação de linho, seda e tapeçarias, a fim de incentivar a indústria local, e implantou uma reserva de mercado para a produção de vidros e espelhos, cujo segredo de fabricação teria mandado roubar dos venezianos. Versalhes funcionava, assim, como uma vitrine, com a ostentação e a *mise-en-scène* do poder criando uma dimensão quase mítica em torno do rei, que ficaria certamente orgulhoso se pudesse constatar que seu país não apenas alcançou a posição de meca do luxo, à qual aspirava, mas continua a mantê-la tantos séculos depois.

No entanto, essa política mercantilista, comandada por seu poderoso ministro da Economia, Jean-Baptiste Colbert, e que trouxe inquestionável prosperidade para a aristocracia e a burguesia, não melhorou a vida do povo. A miséria, na verdade, aumentou durante o reinado de Luís XIV, agravada pelas três grandes guerras que ele promoveu para assegurar a supremacia da França na Europa, e que deixaram o país praticamente falido. Nada disso impediu, contudo, a contínua ampliação e o embelezamento do palácio, uma obra megalomaníaca que durou quase cinquenta anos, a um imenso custo em dinheiro e em vidas. Para se ter uma ideia, mais de 36 mil homens e 6 mil cavalos chegaram a ser empregados simultaneamente, e as mortes por acidentes eram rotineiras.

Os investimentos não foram interrompidos sequer durante a grande fome que castigou a França entre 1692 e 1694, matando nada menos do que 2,8 milhões de pessoas, cerca de 15% da população – uma informação geralmente omitida pelos guias de Versalhes. Foi em parte para tentar compensar essa prodigalidade com seu palácio em detrimento do povo e de Paris, castigada por sucessivos aumentos de impostos e sempre propensa a rebeliões, que Luís resolveu construir o Hôtel des Invalides, grandioso conjunto de moradia e hospital para os milhares de soldados que se tornaram inválidos durante as guerras, e que será tema do capítulo 15.

A cidade deve a ele, ainda, entre outras obras, a icônica Place Vendôme e a encantadora Place des Victoires, ornada com uma de suas estátuas equestres, no segundo *arrondissement*. Quanto a Versalhes, é como se o palácio tivesse sido a sua amante preferida, acima mesmo das quatro favoritas mais constantes, que ele cobriu de honrarias e presentes ao longo da vida.

Impedido de se casar com o seu primeiro amor, a italiana Marie Mancini, sobrinha do influente cardeal Mazzarini, que era conselheiro de sua mãe, devido à origem plebeia da jovem, ele logo encontrou consolo nos braços de outra dama da corte, Louise de la Vallière. Porém, como ela era católica praticante, acabou por abandoná-lo para se recolher a um convento, atormentada por remorsos. Veio em seguida a inteligente e carismática Henriette d'Angleterre, mulher de seu irmão Filipe, que não gostou do arranjo, provavelmente por ver a mulher superar sua influência política, já que era homossexual e vivia ocupado com seus próprios amantes.

Na sequência, Luís XIV caiu nos braços de uma ardilosa marquesa, Athénaïs de Montespan, que conseguiu segurar-se no posto de favorita durante quinze anos, graças a seus dotes de manipulação política. E só caiu em desgraça quando foi acusada de recorrer a poções secretas para controlar o rei, em meio a um escândalo envolvendo o uso de venenos e magia negra em Versalhes. Foi apenas na maturidade que ele se fixou em uma relação mais sólida, com a última dessa longa coleção de amantes: uma viúva devota e discreta, Françoise d'Aubigné, conhecida como Madame de Maintenon, com a qual acabaria se casando em sigilo, após a morte da esposa oficial, a espanhola Maria Tereza.

Essa lista não inclui, no entanto, inúmeros romances passageiros, como o que manteve com a aristocrata Anne de Rohan-Chabot, princesa de Soubise, beldade que teria conquistado o rei deliberadamente com o intuito de salvar o marido da ruína. Com tanto sucesso, aliás, que conseguiu garantir a prosperidade da família por várias gerações. Foi assim que os Soubises puderam comprar e reformar luxuosamente dois dos mais belos *hôtels particuliers,* ou palacetes particulares, do Marais. O Hôtel de Rohan, na esquina da Rue Vieille-du-Temple com a Rue des Quatre Fils, que traz o nome do filho supostamente bastardo dessa relação, o cardeal de Rohan. E o de Soubise, na esquina da Rue des Franc Bourgeois com a Rue des Archives, que sedia o Musée des Archives Nationales.

Luís XIV só teria perdido o interesse pela princesa e fechado o cofre quando ela perdeu, desafortunadamente, os dentes da frente. Durante algum tempo, o Rei Sol chegou mesmo a ter três amantes convivendo sob o mesmo teto com a rainha em Versalhes, num arranjo considerado escandaloso até mesmo para os padrões licenciosos da corte francesa. Como resultado dessa intensa vida amorosa, produziu nada menos do que 22 filhos – 6 legítimos e 16 bastardos –, sem contar 30 não reconhecidos.

Por ironia do destino, contudo, mesmo com essa prole abundante, não conseguiu preparar a própria sucessão. Nos últimos anos de vida, teve de assistir, impotente, à morte de todos os seus filhos e netos, numa sucessão inacreditável de tragédias. E quando morreu, em 1715, restava-lhe unicamente um bisneto, de apenas 5 anos, que iria sucedê-lo como Luís XV.

A obsessão de Luís XIV por Versalhes acabaria também cobrando um alto preço político, ainda que no longo prazo, por ter distanciado a Coroa da realidade do país e das pressões por reformas liberalizantes que o tempo impunha aos regimes absolutistas – as quais viriam estrepitosamente à tona na Revolução Francesa, 74 anos após sua morte. Em seguida à derrocada da monarquia, o novo regime confiscou seu adorado palácio e leiloou a preciosa coleção de móveis e objetos de arte que ele acumulara para financiar as guerras em defesa da república.

Versalhes passou, a partir de então, por longos períodos de abandono e transformações, até ressurgir esplendorosamente no século XIX, durante a restauração do regime monárquico, por obra do último rei francês, Luís Filipe de Orléans. E hoje traduz, com brilho incomparável, a aspiração à grandeza tão característica da identidade da França e do seu Rei Sol.

14.
Os fantasmas da revolução na Place de la Concorde: Maria Antonieta e o terror (século XVIII)

O milenar Obélisque de Louxor, presente do governo do Egito à França no século XIX

Quem circula pela Place de la Concorde tem a atenção dominada inevitavelmente pelo imponente Obélisque de Louxor (Obelisco de Luxor), que lhe adorna o centro, entre duas fontes majestosas. Com seus três mil anos de existência e 23 metros de altura, o monolito foi presente do governo do Egito à França, no século XIX, como símbolo da aliança entre os dois países e em reconhecimento ao francês Jean-François Champollion, que decifrou a linguagem dos hieróglifos. Mas a maior praça de Paris e uma das mais belas do mundo, como tantos outros lugares da cidade, tem uma história tenebrosa e cheia de reviravoltas, à mercê das mudanças políticas do país.

Idealizada em 1755 como Place Royale, em homenagem ao rei Luís XV, cuja estátua equestre dominava o espaço, ela se tornou palco de uma primeira tragédia poucos anos depois, quando mais de cem pessoas morreram ali pisoteadas durante um espetáculo de fogos de artifício. Os festejos eram parte das celebrações pelo casamento do então herdeiro do trono, Luís XVI, com a princesa austríaca Maria Antonieta. Justamente o casal que, por funesta coincidência, seria executado naquele mesmo lugar algumas décadas mais tarde, em 1793, durante os chamados Anos de Terror da Revolução Francesa.

A essa altura, o nome da praça já havia sido modificado para Place de la Révolution, e a estátua real, derrubada por populares, dera lugar à temível guilhotina, na qual acabariam decapitadas, além do casal real, cerca de 2.500 pessoas. A rotina de execuções tornou-se tão lúgubre que o odor do calçamento de pedras, sempre encharcado de sangue, obrigou muitos moradores do bairro a procurar outra vizinhança.

O tempo apagou essas memórias, e a praça, renomeada após a revolução como Place de la Concorde, com o intuito de promover a reconciliação dos franceses – que são representados por oito estátuas gigantescas simbolizando as principais cidades do país –, tornou-se um dos ícones de Paris. Não só pela magnificência de seu conjunto em formato octogonal, com lampadários e fontes com adornos dourados e temática náutica, mas também pela perspectiva incomparável que oferece a partir do cruzamento de seus dois eixos principais.

O primeiro liga dois edifícios com fachadas neoclássicas quase idênticas: o Palais Bourbon, sede da Assemblée Nationale, a Câmara Baixa do Parlamento, e a imponente Église de la Madeleine. Já o segundo conecta o Museu do Louvre com a Avenue des Champs-Élysées através do Jardin des Tuileries, estendendo uma vista espetacular em direção ao Arc de Triomphe (Arco do Triunfo) e, mais adiante, até o colossal Arche de La Défense (Arco da Defesa), uma surpreendente estrutura de visual futurista, no formato de um imenso cubo vazado de 100 metros de altura, erguida por ocasião do bicentenário da Revolução Francesa, e que funciona como complexo de escritórios.

A implantação do obelisco no exato cruzamento desses eixos não é casual. Ele ocupa exatamente o lugar que fora um dia reservado para uma estátua do rei decapitado, conforme o projeto encomendado por seus irmãos, os reis Luís XVIII e Carlos X, que ascenderam sucessivamente ao trono após a restauração da monarquia e renomearam a praça em sua homenagem. Porém, quando mais uma revolução, a chamada Les Trois Glorieuses (Os Três Dias Gloriosos), derrubou este último monarca, a proposta acabou engavetada. A praça recobrou o nome de Place de la Concorde, e, após muita controvérsia, o obelisco foi escolhido justamente por seu caráter politicamente neutro, para tentar enterrar de vez os conflitos do passado.

Dos tempos sanguinários do terror restou apenas uma pequena placa no chão, marcando o local da execução de Luís XVI e Maria Antonieta. Para quem se interessa por história, no entanto, é difícil passar por ali sem associar o local ao regicídio de janeiro de 1793 e à imagem do carrasco exibindo a cabeça ensanguentada do monarca à multidão delirante. Cena que ficou marcada também pela frase pronunciada por ele diante da guilhotina: "Morro inocente dos crimes dos quais me acusam e espero que o derramamento de meu sangue possa contribuir para a felicidade da França".

Nove meses mais tarde foi a vez da rainha subir ao cadafalso, após um humilhante trajeto de carroça, feito em pé e com os braços amarrados às costas, sob os apupos furiosos da multidão. Precocemente envelhecida, aos 37 anos, Maria Antonieta já em nada lembrava aquela que fora o principal símbolo de luxo e ostentação de sua época. Muito menos a adolescente que havia sido recebida com chuvas de flores em sua chegada à França, décadas antes, com apenas 14 anos, para casar-se com o herdeiro do trono. Ela se tornara o alvo principal do ódio dos parisienses.

Apelidada de *Madame Déficit* e acusada não apenas de contribuir para a ruína do país, mas também de uma longa série de crimes, incluindo traição à pátria e incesto, ela fora aprisionada inicialmente com a família na Tour du Temple, no Marais. A mesma prisão, hoje desaparecida, onde depois morreria, com apenas 10 anos e vítima de maus-tratos, seu único filho sobrevivente, o herdeiro do trono – Luís Carlos, ou Luís XVII. Após o assassinato do marido, porém, ela foi transferida para aguardar seu julgamento na sinistra Conciergerie, um cárcere famoso desde a Idade Média pelo histórico de torturas e ao lado do qual estava instalado o temido Tribunal Revolucionário.

Pode-se escolher muitos lugares em Paris, além da Place de la Concorde, para relembrar os eventos da revolução, que não derrubou apenas a monarquia francesa, mas inaugurou uma nova era no mundo, ao disseminar os ideais republicanos de igualdade, liberdade e fraternidade. Um evento de tamanha magnitude e complexidade que continua a ser interpretado e reinterpretado até hoje pelos franceses, como um marco estruturante de sua identidade nacional. Porém o roteiro mais impressionante é com certeza o que começa na Conciergerie, o portentoso conjunto de torres medievais da Île de la Cité, cujo nome remete à zeladoria do primeiro palácio real da França e cujas celas foram transformadas em museu.

Uma das mais soturnas é aquela onde os prisioneiros enfrentavam seus últimos instantes de vida, para ter os cabelos cortados, antes de seguir para a guilhotina. Outra, a que reproduz o alojamento de Maria Antonieta, parcamente mobiliado e dividido por um biombo, atrás do qual a rainha, acostumada ao fausto de Versalhes, tinha de se vestir e cuidar da higiene pessoal, sob a vigilância ininterrupta de carcereiros.

Vale lembrar que não havia apenas aristocratas e monarquistas entre os 4 mil prisioneiros que passaram pela Conciergerie durante os dois anos de existência do tribunal de exceção. Como se pode constatar pelos nomes ali registrados, ela foi também a derradeira morada de inúmeros revolucionários, já que, com a radicalização do movimento no período entre 1793 e 1795 – conhecido como Ditadura de Salvação Nacional, ou *La Terreur* (O Terror) –, os moderados foram sendo progressivamente eliminados pelos extremistas, os chamados jacobinos.

Ao final, a carnificina acabou arrastando para o cadafalso até mesmo os radicais mais fanáticos que a promoveram, como o celerado líder jacobino Maximilien de Robespierre; o promotor público Fouquier-Tinville, que conduziu a acusação contra Maria Antonieta; e o sanguinário Louis de Saint-Just, apelidado de "Arcanjo da Morte", que defendia os assassinatos sob o argumento de que o "navio da revolução" só chegaria a seu destino se navegasse "em um mar vermelho de sangue".

Quem preferir um roteiro menos fúnebre para rememorar esse período deve procurar o entorno do antigo Odéon-Théâtre de l'Europe, situado na Praça de l'Odéon, no sexto *arrondissement*, um dos *quartiers* mais históricos da cidade. Inaugurado em 1782, sete anos antes da conflagração, e sobrevivente de dois incêndios desde então, o teatro logo atraiu para a vizinhança escritores, artistas e revolucionários. Entre eles, o advogado Georges Jacques Danton, um dos principais oradores do movimento, cuja estátua ali perto, próximo ao Carrefour de l'Odéon, lembra uma de suas frases mais notáveis: "Após o pão, a educação é a primeira necessidade do povo".

Quase em frente à estátua, do outro lado da rua, fica a pitoresca Cour du Commerce Saint-André, uma ruela calçada de pedras que liga o Boulevard Saint-Germain à Rue Saint-André des Arts, e preserva várias referências aos acontecimentos da época. Danton, por exemplo, habitava uma moradia no número 20. No 3, o médico Joseph Ignace Guillotin costumava testar em carneiros a invenção que depois levaria seu nome: a guilhotina, máquina de degolar destinada, alegadamente, a provocar uma morte menos cruel do que a forca ou a decapitação por machado, métodos adotados até então para a pena capital. A guilhotina, por sinal, teve uma vida muito mais longa do que comumente se supõe, já que continuou sendo utilizada na França até o século passado, mais precisamente até 1977, sendo que a pena de morte só foi abolida no país em 1981.

Já o número 8 da ruela abrigou a redação do jornal mais radical da época, *L'Ami du Peuple* (*O Amigo do Povo*), editado por um dos mais incendiários propagandistas da revolução, Jean-Paul Marat, que ficou famoso, além da verve mortífera, por ter sido esfaqueado e morto numa banheira. A assassina, Charlotte Corday, até então uma pacata jovem do interior, viajara a Paris com o intento específico de eliminá-lo, revoltada com o entusiasmo com que ele alimentava a máquina de Monsieur Guillotin. A mesma na qual, aliás, ela acabaria perdendo igualmente a vida, logo em seguida.

Marat e outros revolucionários eram frequentadores assíduos de um café também situado na Cour de Commerce, o Le Procope, um dos primeiros de Paris, inaugurado em 1684, e depois transformado em restaurante que ali funciona até hoje. Foi no Le Procope que um imigrante italiano com esse nome apresentou pela primeira vez aos franceses a estranha bebida escura que se tornaria mania nacional. Como se situava em frente à antiga sede da Comédie-Française, na atual Rue de L'Ancienne Comédie, ele atraiu desde a inauguração os principais artistas, escritores e pensadores da época, alguns dos quais lá inventaram outra novidade que faria história: a enciclopédia.

Os revolucionários marcavam presença ainda em outro local próximo que se tornou um dos epicentros do movimento: o já então centenário Palais-Royal, no primeiro *arrondissement,* que fora edificado pelo Cardeal de Richelieu, ministro do rei Luís XIII, e se tornara palco de manifestações populares. Atualmente um dos lugares mais aprazíveis de Paris, graças a seu jardim à francesa circundado por arcadas, ele foi à época renomeado Palais Egalité, ou Palácio da Igualdade. Um nome bastante adequado, já que em seus cafés, bordéis e livrarias cruzavam-se, democraticamente, burgueses à procura de diversão, vendedores ambulantes e prostitutas, além de intelectuais que propunham uma nova ordem social e política.

Apoiados nas ideias de filósofos, como Jean-Jacques Rousseau, François-Marie Arouet, celebrizado como Voltaire, Denis Diderot, Nicolas Condorcet, entre outros, que dariam fundamento teórico à revolução no movimento denominado Iluminismo, eles ali passavam horas em debates acalorados contra a monarquia. E fazendo catequese em favor de um novo sistema de governo, a ser fundado em princípios como liberdade e direitos individuais.

Foi, por sinal, num café do Palais-Royal conhecido como de Foye que um jovem advogado chamado Camille Desmoulins acabou acendendo, quase inadvertidamente, em julho de 1789, o pavio que explodiria o barril de pólvora da revolução. Até então tímido e gago, Desmoulins revelou-se um orador inflamado no dia em que uma multidão convergiu para o Palais-Royal revoltada com a demissão do ministro das Finanças, o popular Jacques Necker, que vinha denunciando o estado calamitoso das finanças públicas e defendia o suprimento de trigo para a população esfaimada.

Em meio a rumores de que tropas estavam sendo mobilizadas para reprimir a sublevação, a oratória de Desmoulins incendiou os populares, que dali partiram para invadir os arsenais do Hôtel des Invalides e outros postos militares a fim de capturar armas. Alguns dias depois, quando guardas atiraram contra revoltosos ali perto, no Jardin des Tuileries, a anarquia ganhou as ruas. Como em tantas outras ocasiões na história de Paris, o povo se refugiou na Place de Grève, em frente ao Hôtel-de-Ville, e de lá rumou para a Bastille, prisão que simbolizava o poder arbitrário da monarquia de condenar nobres ou plebeus sem processo legal – e que acabou demolida a golpes de marreta no dia 14 de julho, no episódio que marca o início da revolução.

Cerca de dois meses depois, como Luís XVI se recusava a ceder ao clamor por reformas, uma multidão de mulheres pegou a estrada para confrontá-lo em Versalhes. Caminhando sob chuva, famintas e maltrapilhas, elas levaram seis horas para percorrer os 21 quilômetros de distância, com os ânimos se acirrando a cada passo. E, quando finalmente alcançaram o palácio, conseguiram obrigar o rei a acompanhá-las de volta a Paris para instalar-se com a família no Palais des Tuileries, praticamente como prisioneiros.

Dois anos mais tarde, em junho de 1791, uma tentativa frustrada de fuga da família real exacerbou a hostilidade contra a monarquia. Após um massacre de populares na esplanada hoje conhecida como Champs de Mars (Campo de Marte), uma turbamulta invadiu o palácio. Acusado de aliar-se com as monarquias dos países vizinhos contra a revolução, Luís XVI foi então formalmente denunciado como traidor da pátria e confinado com a mulher, os filhos e uma irmã na prisão da Tour du Temple. Pouco mais de um ano depois, em setembro de 1792, os revolucionários aboliram a monarquia e proclamaram a república.

Graças a uma nova legislação de exceção, ninguém mais estava a salvo de perseguições, e qualquer suspeito de conspirar contra a nova ordem podia ser condenado sumariamente à morte. Paris abandonou-se a uma orgia de atrocidades, que incluiu o linchamento de padres e freiras, já que a república proibiu a prática da religião católica e confiscou os bens da Igreja, em represália por seu apoio à monarquia.

O movimento que nascera embalado em idealismo, em nome do fim da miséria e da injustiça, descambou de vez para a anarquia e o terror. Durante esse período, em 1793 e 1794, dezenas de milhares de pessoas foram guilhotinadas em toda a França, entre as quais figuras renomadas, como Antoine de Lavoisier, considerado o pai da química moderna, e alguns dos líderes revolucionários da primeira hora, até então aclamados como heróis, como Georges Danton, o próprio Camille Desmoulins e sua jovem esposa, Lucile.

Outros milhares de franceses perderam a vida na guerra civil que conflagrou o país, já que a maior parte das províncias se recusou a aderir à república, especialmente na região sudoeste, onde republicanos e monarquistas trucidaram-se na chamada Guerre de Vendée (Guerra da Vendeia). Outros tantos terminaram vítimas dos combates contra os exércitos das monarquias vizinhas, que atacaram a França temendo o contágio do movimento revolucionário.

Foi nesse país devastado e mergulhado no caos que um jovem oficial chamado Napoleão Bonaparte despontou como salvador da pátria, antes de se voltar, ele próprio, contra a república recém-instalada e consagrar-se imperador, como veremos no próximo capítulo. A França submergiu, então, num longo período de turbulência, que só seria plenamente superado na segunda metade do século XX. Apenas sete anos após sua consagração como imperador, na sequência de uma incrível sucessão de vitórias militares, Napoleão viu sua estrela apagar-se com uma derrota arrasadora durante uma tentativa de invadir a Rússia, em 1812. Dois anos mais tarde, foi obrigado a abdicar.

Em retrospecto, parece difícil acreditar que os franceses tenham então resolvido restaurar a monarquia, que fora derrubada a um custo tão elevado em vidas, e entregar o trono justamente a um irmão do rei guilhotinado, o qual foi entronizado como Luís XVIII. E quando este morreu, em 1824, a coroa passou para outro irmão de Luís XVI, Carlos X, que tentou restaurar o absolutismo do antigo regime e os privilégios da nobreza.

Inconformado, o povo foi à luta outra vez, seis anos depois, em 1830, para tentar restabelecer a república, na revolta que ficou conhecida como Revólution de Juillet (Revolução de Julho) ou *Les Trois Glorieuses* (Os Três Dias Gloriosos). Carlos X foi obrigado a renunciar, e a vitória foi celebrada com a construção de uma soberba coluna na Place de la Bastille, a Colonne de Juillet (Coluna de Julho), que muitos associam erroneamente ao episódio da tomada da prisão de mesmo nome. Esse mesmo equívoco se repete, por sinal, em relação a outro registro dessa revolução: o célebre quadro pintado por um dos principais artistas da época, Eugène Delacroix, *La Liberté guidant le peuple* (*A Liberdade guiando o povo*). Atualmente no Museu do Louvre e frequentemente associada por engano à Revolução Francesa, a obra tornou-se um símbolo da longa tradição de rebeldia dos parisienses.

Porém, embora tenham conseguido forçar Carlos X ao exílio, os parisienses não lograram derrubar de novo a monarquia, que ainda contava com apoio substancial das elites. Em mais uma manobra política, estas entregaram o trono para um representante de outro ramo da família real, Luís Filipe, da dinastia Orléans, filho de um nobre que havia apoiado a revolução, mas acabara também guilhotinado. Com um perfil mais liberal, ele aceitou governar sob a égide de uma constituição, pelo que passou a ser chamado de "o rei burguês" e "o rei dos franceses", em vez de "rei da França", no período que ficou conhecido como Monarquie de Juillet (Monarquia de Julho).

Ainda assim, o sentimento republicano não esmoreceu, e o novo monarca teve de enfrentar uma sucessão de atentados e sublevações, uma delas reprimida ao custo de mais de 800 mortos. Um morticínio a mais num período em que Paris já estava sendo castigada por uma epidemia de cólera. A república só foi restaurada novamente em 1848, quando a população retomou as armas para derrubar Luís Filipe, na chamada Segunda Revolução Francesa, ou Revolução de Fevereiro, uma das muitas revoltas populares que abalaram toda a Europa naquele ano.

Como se a história andasse em torno de um círculo, contudo, quem terminou eleito presidente dessa Segunda República foi ninguém menos do que um sobrinho de Napoleão, Carlos Luís Napoleão Bonaparte. Seguindo o exemplo do tio, porém, ele providenciou pouco depois um golpe de Estado e consagrou-se imperador, com o título de Napoleão III, dando origem a um novo período imperial, denominado Segundo Império, que será tema do capítulo 16.

Apesar de todo o custo humano e político dessa vertigem de revoltas, entretanto, o regime republicano custou a fincar raízes na França e permaneceu como um ideal quase inalcançável até o século XX. O apoio à monarquia manteve-se tão entranhado que monarquistas empedernidos chegavam a colar de cabeça para baixo, em envelopes de correspondência, os selos com o símbolo republicano, a figura feminina popularizada como Marianne, para reafirmar sua rejeição à república. E até mesmo após a Segunda Guerra Mundial, durante a anarquia que se sucedeu à liberação da ocupação alemã, ainda havia conspirações para tentar recolocar no trono um descendente de Luís XVI e Maria Antonieta, o casal real decapitado mais de um século e meio antes, na Place de la Concorde.

Cópia da escultura *Mercure à cheval sur Pégase* (Mercúrio cavalgando Pégaso), cujo original está no Louvre, numa das entradas da praça

15.
O Hôtel des Invalides e Napoleão Bonaparte: o pouso da águia
(séculos XVIII e XIX)

O magnífico túmulo de Napoleão sob a cúpula dourada do Hôtel des Invalides

Não é difícil imaginar o ânimo sombrio de Napoleão Bonaparte quando se despediu de Paris pela última vez, em 1815, ao partir para o exílio, praticamente escorraçado. Afinal, a cidade assistira à sua ascensão vertiginosa, em apenas duas décadas, de jovem tenente forasteiro, sem fortuna nem futuro, a imperador da França. E saudara com entusiasmo sua consagração como gênio militar, que salvou o país da anarquia revolucionária e assombrou o mundo com suas conquistas, estendendo o domínio francês pela Europa e norte da África. Mas Paris testemunhara, igualmente, seus muitos reveses políticos e pessoais, no período em que suas histórias se entrelaçaram.

Talvez por isso, ao morrer, aos 58 anos, na remota ilha britânica de Santa Helena, no meio do Atlântico Sul, ele tenha pedido que seus restos mortais fossem enterrados na cidade, às margens do Sena. Queria, como deixou registrado, "repousar junto ao povo francês que tanto amei". As convulsões da política francesa ao longo do século XIX acabaram impossibilitando esse retorno por mais de quatro décadas. Mas, quando o pedido pôde ser finalmente atendido, em 1840, suas cinzas foram acolhidas com pompas reservadas aos heróis da pátria. E saudadas, como ele previra no desterro, com os gritos de "Viva o imperador!".

O corso que se alçou a imperador da França contra todas as probabilidades já havia se tornado, então, um mito. A procissão fúnebre com seus despojos, transportados por navio até o porto do Havre, no noroeste do país, e depois pelo Sena até Paris, paralisou a cidade, seguida por enormes multidões, sob uma tempestade de neve. E seu túmulo, perenizado em lugar de honra sob o majestoso Dôme du Hôtel des Invalides, o imponente conjunto militar edificado por Luís XIV para acolher inválidos de guerra, superou em magnificência os de todos os reis franceses. Além de logo se tornar local de culto à sua memória, que até hoje fascina uma legião de admiradores em todo o mundo.

Mas como foi possível que um jovem nascido em uma família de poucas posses, numa ilha do Mediterrâneo, tenha conseguido ascender tão alto e criar um império tão vasto, praticamente do nada? A saga pessoal de Napoleão, marcada por inacreditável alternância de golpes de sorte e infortúnio, conquistas e adversidades, tem contornos de lenda. No relativamente curto período de vinte anos – entre 1784 e 1804 –, e numa França convulsionada pela revolução, ele saiu do anonimato, deu um golpe de Estado, acumulou uma coleção impressionante de vitórias militares, escapou de vários atentados, mandou prender o papa, foi excomungado, casou-se duas vezes, criou uma dinastia e ainda reformou radicalmente o Estado francês.

Como se não bastasse, teve a audácia de proclamar-se imperador, numa pomposa cerimônia na Catedral de Notre-Dame. Na ocasião, por sinal, fez questão de colocar a coroa na própria cabeça, contrariando a tradição que reservava tal função aos papas, a fim de assinalar a origem divina do poder dos reis. Queria deixar claro que sua autoridade advinha apenas dos próprios méritos, e que a presença do papa Pio VII na cerimônia era mera formalidade. A cena resultou tão inaudita para a época que o pintor Jacques-Louis David, contratado para reproduzi-la, preferiu retratar Napoleão coroando a esposa, a imperatriz Josefina, numa imensa tela de seis por dez metros que se tornaria célebre: *Le Sacre de Napoléon* (*A Coroação de Napoleão*), parte do acervo do Museu do Louvre.

Para se ter uma ideia do caráter fabuloso da vida de Napoleão, basta lembrar que, no auge do seu poder, ele chegou a comandar um território com nada menos do que 80 milhões de pessoas, em mais de uma dezena de países. Um dado que se revela ainda mais impressionante quando se leva em conta que ele só pisou na Europa pela primeira vez aos 9 anos, para cursar com uma bolsa de estudos o Collège d'Autun, e depois a prestigiada École Militaire de Brienne-le-Château, no nordeste da França.

Antes mesmo do seu nascimento, no entanto, seu destino parecia atrelado de modo inescapável ao do país onde conheceria a glória. Ele foi concebido justamente na época em que a França adquiriu e invadiu a Córsega, então propriedade da República de Gênova. E como os Bonapartes eram partidários do movimento de independência da ilha, sua mãe, Letícia, teve de fugir às pressas da então capital, Corte, grávida e cavalgando uma mula, para escapar da perseguição das tropas francesas.

Com o tempo, porém, a família acabou por aliar-se aos novos senhores da Córsega, e, após a passagem por Brienne-le-Château, Napoleão foi enviado a Paris para ali concluir os estudos em sua célebre École Militaire – situada justamente nas proximidades do Hôtel des Invalides, onde hoje repousam seus restos mortais. Ao se formar, no entanto, em meio às incertezas da revolução e na penúria, ele se viu tão sem perspectivas que chegou a cogitar o suicídio, enquanto perambulava, numa noite, sob as arcadas do Palais-Royal. E só não consumou o ato, segundo algumas versões, por encontrar consolo nos braços de uma prostituta.

Como ele poderia antever que aquele cataclismo político seria justamente o fator que o catapultaria ao poder tão pouco tempo depois? Pois foi durante a guerra civil entre republicanos e monarquistas, após a derrubada da monarquia, que seu gênio militar começou a atrair as atenções. Entre outras razões, porque a guilhotina e o exílio haviam desfalcado o exército francês da maior parte dos oficiais de origem nobre, abrindo espaço para recém-chegados como ele. Nomeado general com apenas 25 anos, após reprimir uma revolta monarquista em Paris, Napoleão conquistou depois a admiração popular ao comandar uma sucessão de vitórias na Itália. Era o herói providencial capaz de defender a jovem república dos ataques das monarquias vizinhas, que haviam se aliado para combatê-la e impedir a propagação do movimento revolucionário.

Em seguida, continuou a acumular capital político, ao vencer de forma quase mítica uma série de guerras pela Europa, que abririam o caminho para a formação do seu vasto império, numa escala comparável à do Império Romano, uma de suas fontes de inspiração. Os nomes dos locais de suas principais batalhas, por sinal – como Rivoli, Marengo, Wagram, Iena, Friedland e Austerlitz, por exemplo –, são até hoje relembrados na denominação de ruas, pontes e estações de metrô em Paris.

Entre as explicações para esse sucesso espantoso está o total domínio de Napoleão sobre a chamada Grande Armée (O Grande Exército), que em seu auge chegou a mobilizar 450 mil homens de 16 nacionalidades. Além do fato de que, ao contrário dos exércitos monarquistas, estruturados como hierarquias rígidas, com oficiais aristocráticos comandando soldados conscritos, a Grande Armée era, em seu início, pelo menos, composta em boa parte por voluntários e pautada pelos ideais igualitários da revolução.

Regida pela meritocracia, ela possibilitava rápida ascensão na carreira militar, o que explica por que muitos dos generais de Napoleão tinham origem popular. Além disso, nos primeiros anos após a revolução, as tropas eram inspiradas pela defesa do ideal republicano contra a tirania das velhas monarquias. E a permissão para saquear as cidades conquistadas representava motivação adicional para o combate. Napoleão, por sua vez, não se revelou apenas um estrategista brilhante, mas também um líder e comunicador competente, que sabia construir narrativas e apelar a simbolismos para mobilizar os subordinados, a quem prometia glória e fortuna.

Foi com essa visão que ele idealizou o colossal Arc de Triomphe, o Arco do Triunfo da Place Charles de Gaulle, conhecida anteriormente como Place d'Étoile (Praça da Estrela). Além de registrar para a posteridade as conquistas napoleônicas, com a reprodução de cenas das campanhas e os nomes de seus marechais e generais inscritos na pedra, o monumento se destinava a acolher os desfiles da Grande Armée cada vez que ela retornava vitoriosa a Paris, com a devida pompa e sob aclamação popular. Encomendado em 1805, ele só foi inaugurado, entretanto, três décadas mais tarde, em 1836, após a queda e a morte de Napoleão. Mas ainda em tempo, por um capricho da história, para a passagem do seu cortejo fúnebre, em triunfo, no retorno das cinzas a Paris.

Napoleão também era idolatrado pelas tropas por sua coragem legendária, já que fazia questão de arriscar-se em meio aos soldados, no fragor dos combates, como um igual. O fato de ter escapado da morte incontáveis vezes, como que por milagre, também contribuiu para dotá-lo de uma aura de heroísmo – a ponto de levá-lo a acreditar que teria se tornado, talvez, invencível. Supersticioso e fatalista, traços frequentemente atribuídos à alma corsa, ele passou a se considerar um predestinado, com a missão de reerguer a França e inaugurar uma nova era na Europa.

O misticismo pautou igualmente sua agitada vida pessoal, marcada pelos altos e baixos da paixão por Josefina de Beauharnais, a francesa nascida na Martinica que ele acreditava ser seu talismã da sorte. Viúva de um nobre executado na guilhotina, da qual ela própria só escapara graças a muita astúcia, Josefina já acumulava uma coleção de amantes quando se casou com Napoleão, e continuou a traí-lo publicamente a vida toda. Por isso foi sempre hostilizada pela ambiciosa família do marido – além da mãe, os irmãos José, Jerôme, Luciano e Luís, e as irmãs Elisa, Carolina e Pauline. Embora agraciados com poder e fortuna, incluindo os tronos dos principais reinos conquistados, eles viviam brigando entre si e com o imperador.

Josefina, no entanto, era reconhecidamente inteligente e sabia manipular o general a seu favor. Uma das provas de seu poder sobre ele é o pequeno Château de Malmaison, propriedade a 20 quilômetros a noroeste de

Paris, que Napoleão comprou por sua insistência e no qual investiu uma pequena fortuna para satisfazer seus caprichos. Transformado em museu e dotado de uma interessante coleção de objetos pessoais, Malmaison preserva um raro retrato da intimidade do casal. Inclusive nas trilhas do parque que cerca a propriedade, onde eles costumavam passear de braços dados, assinaladas por meio de placas no chão em forma de abelha, inseto escolhido juntamente com a águia como símbolo imperial.

Josefina conseguiu manter a influência sobre o marido até mesmo após o divórcio, que ele lhe impôs a contragosto, devido à incapacidade dela de gerar um herdeiro. Tanto que após a separação, quando a sorte acabou mesmo abandonando o imperador, ele atribuiu os infortúnios à perda da sua "boa estrela" e continuou a visitá-la em Malmaison.

Toda essa estridência de guerras e paixões acabou por ofuscar as realizações de Napoleão como estadista. Apesar de ter governado com poderes ditatoriais, e do rastro de sangue e destruição deixado pelas guerras que patrocinou, ele alegava manter-se fiel, ao menos no discurso, a seu ideário da juventude, quando era leitor dos filósofos do Iluminismo, e cujas ideias inspiram alguns de seus textos transcritos no interior do monumento que abriga seu túmulo, Le Tombeau de Napoléon, sob o Dôme des Invalides.

Ao assumir o poder num país violentamente polarizado, ele empenhou-se em conciliar monarquistas e republicanos, libertou prisioneiros políticos e permitiu o retorno dos aristocratas exilados. Restabeleceu também a liberdade de culto, devolveu à Igreja Católica os bens confiscados e tomou medidas para integrar à cidadania francesa os judeus, perseguidos ao longo de toda a história do país. Também adotou iniciativas para promover a educação, a ciência e as artes, além de modernizar a administração pública e o sistema judiciário. Seu Código Napoleônico, por exemplo, tornou-se referência para o arcabouço legal de inúmeros países.

Tendo se imposto e mantido no poder pelas armas, todavia, viveu cercado de inimigos e recorreu com frequência à repressão dos opositores. Os monarquistas o consideravam um usurpador, enquanto os republicanos entendiam que havia traído os ideais da revolução. Já para as vítimas das guerras dos países que devastou – entre os quais Portugal, no episódio que terminou ocasionando a fuga da família real para o Brasil, em 1808 –, ele não passava de um sanguinário. Como não há, porém, registro de governante que tenha se mantido no poder indefinidamente à base da força, o controle de Napoleão sobre a França começou a declinar em 1812, após a tentativa fracassada de invadir a Rússia.

A dramática retirada das tropas, em meio ao inclemente inverno russo, praticamente aniquilou a Grande Armée. E dois anos depois, após mais uma derrota pela coalizão liderada pelo czar russo Alexandre I, na chamada Batalha das Nações, em Leipzig, no leste da Alemanha, a França acabou invadida, em 1814. A humilhação foi particularmente dolorosa para os parisienses, que tiveram de suportar a presença ostensiva dos soldados cossacos, acampados com seus hábitos e trajes exóticos no local dos hoje elegantes jardins da Champs-Élysées.

Abandonado até por seus generais mais próximos, Napoleão chegou a tentar o suicídio quando se viu obrigado a abdicar, ingerindo veneno no seu castelo favorito, o Château de Fontainebleau. Mas sobreviveu para enfrentar seu primeiro exílio, na ilha italiana de Elba, na costa da Toscana, que duraria pouco mais de um ano, já que ele conseguiu fugir e desembarcar no sul da França com um pequeno grupo de aliados disposto a retomar seu trono. Dali foi arregimentando tropas e empolgando a população ao longo do caminho até Paris, onde reassumiu o poder, em março de 1815, entronizado pelos braços do povo no Palais des Tuileries.

Porém essa aventura quixotesca, que ficou conhecida como Le Vol de l'Aigle (O Voo da Águia), duraria apenas cem dias, até a derrocada final do império na célebre Batalha de Waterloo, cidade hoje pertencente à Bélgica. Desta vez, como um leão finalmente abatido, ele terminou confinado numa ilha perdida no Oceano Atlântico entre a África do Sul e o Brasil, a distante Santa Helena, onde definharia durante seis anos, praticamente isolado do mundo.

Sua segunda mulher, a imperatriz Maria Luísa, filha do seu arqui-inimigo, o imperador austríaco Francisco I, e que ele desposara na esperança de um herdeiro que favorecesse a pacificação da Europa, recusou-se a visitá-lo. Regressou à Áustria com o filho de ambos, Napoleão Francisco, a quem o pai concedera o título de rei de Roma, e que morreria mais tarde de tuberculose, em Viena, aos 21 anos. O governo inglês, que controlava a ilha, impediu outras visitas, inclusive de sua mãe. Consta que apenas uma de suas amantes, a polonesa Marie Waleska, com quem tivera um de seus filhos bastardos, Alexandre, conseguiu viajar em sigilo até Santa Helena.

As marcas de sua passagem meteórica pela história, contudo, permanecem inscritas em Paris, a cidade que ele ambicionava transformar em uma capital de porte imperial, além de sede da Igreja Católica – em suas palavras, "uma nova Roma". E cuja fisionomia redesenhou com inúmeros palácios e obras monumentais. Como a Colonne Vendôme, na praça de mesmo nome, inspirada em uma coluna em homenagem ao imperador Trajano existente na capital italiana, a qual ele mandou encimar com sua própria estátua, e de onde hoje parece observar altaneiro a cidade. Ou os dois arcos triunfais que fez construir, o Arc du Carrousel du Louvre, no Jardin des Tuileries, e o já citado Arc de Triomphe da Place Charles de Gaulle.

Devem-se também a Napoleão as praças de Châtelet e da Bastille, erguidas no local de antigas prisões destruídas durante a revolução a fim de sinalizar a ascensão de uma nova era de reconciliação. E ainda dois outros ícones de Paris: as imponentes fachadas do Palais Bourbon, sede da Assembleia Legislativa, e da Église de la Madeleine, ambas representativas da monumentalidade e do estilo neoclássico, que ele apreciava. Além, é claro, ainda que de forma indireta, do imponente túmulo que lhe ofereceram mais tarde os franceses sob o Dôme des Invalides.

Depois de receber o jazigo de Napoleão, bem como de alguns de seus generais e outros heróis militares, Invalides consagrou-se como um dos principais monumentos da França. Numa espécie de contraponto à homenagem aos políticos, pensadores e escritores reverenciados no Panthéon do Quartier Latin, é o monumento em que os franceses celebram aqueles que contribuíram para a glória do país nos campos de batalha. Por isso, a gigantesca construção valorizada por uma bela esplanada na margem esquerda do Sena abriga também o Musée de l'Armée (Museu das Forças Armadas), cuja coleção de armamentos, uniformes e artefatos de combate de todas as épocas recorda a longa e dolorosa história das guerras que alicerçaram a construção da nação francesa.

16.
As Tuileries, Napoleão III e a Comuna: a transformação de Paris, entre luxo e miséria
(século XIX)

O esplendor do Segundo Império no interior da Opéra Garnier

I magine a Catedral de Notre-Dame iluminada por 15 mil velas, e ao som de uma orquestra de 500 músicos, para a celebração do casamento de um imperador, com todo o luxo de que era capaz a elite parisiense do século XIX. A cerimônia, num dia de inverno em 1853, atraíra a atenção de toda a Europa não apenas pelo fausto, mas em vista da inacreditável reviravolta que representava no destino dos noivos e da França. Afinal, apenas cinco anos antes, Carlos Luís Napoleão, sobrinho do mítico Bonaparte, cumpria pena de prisão perpétua por seguidas tentativas de derrubar o governo. E a mulher prestes a se tornar sua imperatriz, uma condessa espanhola arruinada chamada Maria Eugénia de Montijo, havia tentado o suicídio, mais ou menos na mesma época, porque o homem por quem se apaixonara preferira casar-se com sua irmã.

Parecia quase inconcebível que o ex-prisioneiro houvesse conseguido virar o jogo em tão pouco tempo, com uma sucessão de cartadas mirabolantes, até se consagrar imperador um mês antes, com o título de Napoleão III. E mais impensável ainda que viesse a garantir depois seu lugar na história, embora de forma controversa, como o visionário que transformou a Paris de feições quase medievais da época na cidade fascinante de hoje.

Filho de Luís Bonaparte, um dos irmãos de Napoleão, com a enteada deste, Hortênsia, Carlos Luís Napoleão protagonizou uma história quase tão extraordinária quanto a do tio, que ele por sinal idolatrava, embora fosse ainda criança quando o viu pela última vez. Obrigado a exilar-se na infância junto com todo o clã Bonaparte, passou o resto da vida obcecado com a ideia de restaurar o império familiar. Na primeira tentativa, invadiu um quartel em Estrasburgo, no nordeste do país, para tentar derrubar o então rei Luís Filipe. Preso, foi deportado para o Brasil, e chegou a passar brevemente pelo Rio de Janeiro, mas achou um jeito de transferir-se para os Estados Unidos, antes de se exilar em Londres, cidade na qual continuou a conspirar e construir sua fama – de idealista para uns, de oportunista para outros.

Pouco tempo depois, ensaiou uma nova invasão da França, agora por mar, com um bando de mercenários. Mas foi capturado outra vez e condenado à prisão perpétua em Ham, fortaleza ao norte de Paris. O período que passou no cárcere, em condições insalubres, comprometeu para sempre sua saúde, mas só fez aumentar a ambição política. Ele dedicou o tempo a escrever artigos para jornais, além de um livro com propostas para a extinção da miséria no país, o que alimentou sua popularidade. Seis anos depois a fama aumentou ainda mais, quando ele conseguiu fugir disfarçado de pedreiro.

Refugiou-se então novamente em Londres, onde mantinha um séquito de amantes dispostas a financiar suas aventuras militares. E viu chegar sua oportunidade decisiva em 1848, quando uma rebelião popular provocou a destituição de Luís Filipe e a implantação da chamada Segunda República. Impulsionado pela mística do sobrenome, revigorada alguns anos antes pelo retorno a Paris das cinzas do tio, ele conseguiu eleger-se deputado e, em seguida, presidente.

Como a Constituição proibia a reeleição, o próximo passo foi dar um golpe de Estado, três anos depois, e recorrer à lei marcial e a uma repressão impiedosa para se manter na presidência. Um ano mais tarde, em nova jogada astuciosa, conseguiu o apoio dos monarquistas para enterrar outra vez a república e restaurar o império, além de obter em plebiscito a aprovação majoritária dos franceses para mais uma mudança de regime – embora deva-se levar em conta que o voto era, então, privilégio de apenas um quarto da população, e as eleições, sabidamente fraudulentas.

O casamento, logo em seguida, com a jovem condessa Eugénia, tinha, portanto, objetivos políticos: produzir rapidamente um herdeiro para legitimar a dinastia Bonaparte, que o tio tentara em vão consolidar. Mas tudo indica que Napoleão III, mulherengo inveterado, caiu mesmo de amores pela bela espanhola. Supersticioso, ele teria ficado impressionado quando o relógio de ambos parou no mesmo horário, enquanto passeavam de braços dados pelas alamedas do Jardin des Plantes – o encantador Jardim Botânico de Paris, que, além de sediar o Musée National d'Histoire Naturelle (Museu Nacional de História Natural), abriga uma das árvores mais antigas da França, um exemplar do gênero *Robinia*, com nada menos do que quatro séculos de existência.

Eugénia era voluntariosa e tinha ideias políticas próprias, alinhadas com as do imperador, que misturava um assumido autoritarismo com genuína preocupação social. E revelou-se uma imperatriz influente, tendo atuado inclusive como regente durante as ausências do marido em função de guerras, embora o relacionamento tenha sofrido abalos quando ele retomou os hábitos de celibatário. Entre seus muitos casos extraconjugais, que eram motivo constante de escândalo, causou estrépito o que envolveu uma voluptuosa condessa italiana chamada Virginia Oldoini, festejada como La Castiglione, e então considerada a mulher mais bela da Europa.

Embora casada, a condessa teria se mudado para Paris, aos 18 anos, com a missão de seduzir o imperador, então 24 anos mais velho, em troca do apoio da França para a unificação da Itália, num estratagema planejado por seu primo Camilo Benso, conde de Cavour, que era primeiro-ministro do rei Vítor Emanuel II do Piemonte e da Sardenha. Outro caso rumoroso, o romance com uma famosa atriz chamada Marguerite Bellanger, foi mais duradouro. A imperatriz chegou a interromper uma das costumeiras viagens do casal à estação de águas de Vichy quando o cachorro de Marguerite, durante um encontro casual, correu para saudar o cavalheiro que frequentava a casa da dona.

Em meio às peripécias da sua vida pessoal e à oposição permanente a seu governo autocrata, Napoleão III conseguiu manter-se no poder por quase vinte anos, no período entre 1852 e 1870, conhecido como Segundo Império – mais tempo, portanto, do que seu célebre tio. E, a despeito do caráter despótico do governo, promoveu um ciclo de crescimento econômico sem precedentes, após o longo período de estagnação em função das turbulências políticas que haviam retardado a industrialização da França.

Em vez de mitigar a abominável desigualdade social da época, contudo, os impressionantes saltos obtidos na produção agrícola e industrial só contribuíram para agravá-la. Em Paris, pelo menos um quarto da população continuava na miséria, sobrevivendo em ruelas escuras e pestilentas, onde se perdia a conta dos mortos em sucessivos surtos de epidemias. Num único deles, em 1848, por exemplo, a cólera matou cerca de 20 mil pessoas.

Foi para transformar esse cenário que Napoleão III resolveu empreender uma metamorfose radical na cidade, com um projeto de reurbanização extremamente ambicioso e que até hoje é objeto de controvérsias. Para tocá-lo, convocou um personagem que se tornaria tão polêmico quanto ele próprio: Georges-Eugène Haussmann, apelidado Le Baron (O Barão), um advogado alsaciano que se destacara por obras audaciosas quando era prefeito de Bordeaux e cujo nome se tornaria referência de urbanismo.

Eles começaram por derrubar quarteirões inteiros nas imediações do Jardin des Tuileries para viabilizar a extensão da Rue de Rivoli, obra iniciada pelo primeiro Bonaparte. Para espanto dos parisienses, não hesitaram sequer em remanejar o outeiro da secular Tour de Saint-Jacques, ainda existente no primeiro *arrondissement* como remanescente de uma igreja medieval que fora ponto de partida para peregrinações. Mas esse era apenas um sinal do que estava por vir, já que Haussmann providenciou em seguida a derrubada de praticamente todos os becos e cortiços do centro histórico para abrir os bulevares arborizados que fariam a fama da cidade.

O objetivo declarado era "desatravancar os grandes edifícios, palácios e quartéis de modo a torná-los mais agradáveis ao olhar, facilitar o acesso em dias de comemoração e a defesa em dias de tumulto", além de assegurar a circulação de ar e luz, em nome da saúde pública. Para seus detratores, a dupla visava apenas expulsar os pobres da região central a fim de impulsionar a especulação imobiliária e abrir espaço para os palacetes da burguesia. Mas parece inquestionável que algum tipo de modernização se impunha, já que a maioria das habitações ainda lançava esgoto no Sena e o abastecimento de água era precário.

Além da implantação de um novo sistema de saneamento, Paris precisava adequar-se também à era industrial, que se anunciava com novidades, como eletricidade e locomotivas. Alguns bulevares, por exemplo, foram planejados justamente para ampliar o acesso às novas estações ferroviárias, construídas com requintes arquitetônicos, e cujas linhas férreas integraram a capital ao resto da França e da Europa. A primeira delas, aliás, a Gare de l'Est, com sua imensa estrutura de ferro e paredes de mármore, ainda é motivo de orgulho dos parisienses.

Quase de um dia para o outro, a cidade se transformou num vasto canteiro de obras, com a construção, praticamente ao mesmo tempo, de uma série de novas edificações e palácios, como o Palais Garnier, por exemplo, que passou a sediar a L' Opéra. Data da mesma época a abertura da maioria das doze avenidas que partem como raios de uma estrela da Place Charles de Gaulle, além da criação ou ampliação de muitos dos parques parisienses, a exemplo do Bois de Boulogne, que ganharam novos projetos paisagísticos, obras de arte e espaços de lazer.

Como o governo concedeu terras e incentivos para a Igreja Católica, em retribuição a seu apoio ao golpe de Estado, inúmeros templos foram também erguidos na mesma época. Porém a obra mais festejada foi provavelmente a reforma do histórico Palais des Tuileries, renovado a peso de ouro para acolher a nova família imperial. O enorme palácio construído pela rainha Catarina de Médici, que fora moradia real ao longo de quase três séculos, estava então semiabandonado. Mas voltou a brilhar como endereço de bailes suntuosos, os quais mobilizavam tanto a aristocracia decadente quanto a burguesia emergente, que disputavam poder no Segundo Império.

Nessas ocasiões, a imperatriz atraía todas as atenções ao exibir sua faiscante coleção de joias e inaugurar um novo estilo de vestir, os modelos com saias volumosas, usadas sobre anáguas estruturadas, que entraram em voga em toda a Europa. Depois de tantos tumultos, o fausto e a ostentação voltaram à moda, dando novo impulso à indústria do luxo. Além dos bailes de máscaras nas Tuileries e da programação dos teatros, o calendário da elite passou a incluir também temporadas de veraneio com o casal imperial na praia de Biarritz, costa oeste da França, a preferida da imperatriz. O período de praia se alternava, no inverno, com as concorridas temporadas de caça por ela promovidas no Château de Compiègne, a oitenta quilômetros de Paris, onde os aposentos imperiais, perfeitamente preservados em Les Musées du Second Empire (Os Museus do Segundo Império), retratam em detalhes o estilo da corte no período.

Parte das obras empreendidas pelo imperador em Paris destinavam-se a preparar a cidade para as duas exposições universais que ele organizou, em 1855 e em 1867, para projetar a nova pujança da França, as quais atraíram milhões de visitantes de todo o mundo. Foi na última delas, por sinal, que o vizinho reino da Prússia exibiu um dos lançamentos da sua indústria bélica: os potentes canhões Krupp. Em meio a inúmeras outras invenções mais atraentes – como uma máquina de escrever, um combustível chamado petróleo e um estranho metal de nome alumínio, tão leve que o imperador encomendou um jogo de talheres –, o público não deu muita atenção a armamentos. Três anos depois, no entanto, em 1870, os canhões se revelaram os algozes de Paris, responsáveis pelos bombardeios que castigaram a cidade sitiada durante a Guerra Franco-Prussiana.

Embora toda guerra seja, em essência, injustificável, as razões imediatas dessa ultrapassam as raias do absurdo. Ela começou de forma quase leviana, por iniciativa dos franceses, em reação a uma alegada interferência da

Prússia na sucessão monárquica da Espanha, que consideravam assunto de sua esfera de influência e de interesse direto da imperatriz. Como ocorreria outras vezes na história recente do país, no entanto, a França subestimou o inimigo. E, em vez de reafirmar sua supremacia como pretendia, acabou derrotada de modo acachapante na sangrenta Batalha de Sedan.

O imperador caiu prisioneiro e Paris foi invadida mais uma vez, depois de três semanas de intenso bombardeio. Já esgotados pelos três meses de cerco, durante os quais muitos se viram obrigados a alimentar-se de cavalos, ratos e até de animais de estimação, os parisienses tiveram de enfrentar ainda a humilhação de ver infindáveis colunas de prussianos desfilando sob o Arc de Triomphe.

Não é fácil conceber, a partir da perspectiva da afluente Paris atual, uma situação de fome tão excruciante como a que se abateu então sobre a cidade. Mas o fato é que até mesmo os animais dos zoológicos do Jardin d'Acclimatation (Jardim de Aclimatação), no Bois de Boulogne, e do Jardin des Plantes (Jardim Botânico) acabaram sacrificados. A mortandade não poupou sequer os dois elefantes populares entre as crianças, Castor e Pollux, que terminaram vendidos a açougues, destino similar ao de zebras, renas e cangurus. E o aristocrático restaurante do Jockey Club passou a incluir em seu cardápio, para assombro geral, uma inqualificável torta de carne de rato.

O chanceler prussiano Otto von Bismarck contava vencer a resistência dos parisienses pelo estômago: "Eles não resistirão muito tempo sem o seu *café au lait*", teria predito. E a escassez da bebida favorita da cidade foi mesmo duramente sentida, como confirmam as queixas do pintor impressionista Édouard Manet em cartas enviadas à esposa, então refugiada no interior do país, como a maioria das mulheres e crianças das famílias abastadas. Para agravar a situação, aquele foi um inverno extremamente severo, com a temperatura caindo a 14 graus negativos e blocos de gelo flutuando pelo Sena. A fim de não morrer de frio, as pessoas transformavam em lenha móveis, portas e bancos de igrejas, e até as árvores dos parques e avenidas.

Como as linhas de telégrafo haviam sido bloqueadas pelo inimigo, só era possível comunicar-se com o resto do país por meio de uma então recente invenção, os balões de ar quente, movidos a gás, para transporte de pessoas e correspondência. Como eles ficavam à mercê dos ventos, no entanto, nunca se sabia com segurança se iam pousar dentro ou fora da zona controlada pelos prussianos. Foi então que os pombos-correios se popularizaram, e, quando os prussianos lançaram mão de falcões treinados para atacá-los, passaram a ser tratados como heróis.

O pior, porém, estava por vir. Enquanto Napoleão III, vencido e doente, era encarcerado em uma prisão alemã e a imperatriz Eugénia fugia, disfarçada, pelos fundos do Palais des Tuileries, um governo provisório proclamou de novo a república, pela terceira vez. E negociou uma trégua com o inimigo, enquanto convocava eleições para aferir a opinião popular sobre a continuação ou suspensão da guerra. O resultado foi uma maioria de deputados favoráveis à rendição, evidenciando o descompasso entre a capital republicana e o interior monarquista.

A reação dos parisienses, já desesperados pelo duplo flagelo da guerra e da fome, não tardou. Inconformados com a capitulação e os duros termos impostos pelos alemães – que incluíam uma pesada indenização, a presença de tropas no país como garantia de pagamento e a cessão dos departamentos da Alsácia e da Lorena, antigo objeto de disputa entre os dois países –, os habitantes dos bairros populares pegaram em armas, mais uma vez, em março de 1871. Outras medidas impopulares, como a suspensão da pensão das viúvas e inválidos de guerra, além da propaganda do nascente movimento socialista, ajudaram a engrossar o caldo da rebelião.

Descrentes das promessas de melhoria de vida, após sucessivas sublevações, os parisienses agora tinham um objetivo mais radical do que derrubar o governo. Almejavam uma secessão da França, para tornar Paris independente. Tratava-se da Comuna de Paris, uma experiência histórica de tomada do poder pela classe trabalhadora que iria motivar o até então desconhecido economista alemão Karl Marx a escrever um dos textos fundadores do marxismo, *A Guerra Civil na França*, logo traduzido e reeditado em toda a Europa.

A rebelião teve início quando os moradores do hoje turístico bairro de Montmartre, então ainda uma zona rural empobrecida, decidiram apossar-se dos canhões que haviam sido ali estacionados durante a guerra para a defesa da cidade. E, quando as tropas da Guarda Nacional enviadas para reprimir a sublevação aderiram aos revoltosos, Paris afundou mais uma vez na guerra civil. Retomando a tradição das barricadas e carregando bandeiras vermelhas em nome de uma nova "república de trabalhadores", os populares investiram contra quase todos os símbolos do poder, fossem monarquistas, bonapartistas ou republicanos.

Em poucos dias a cidade estava em chamas. Multidões enfurecidas atearam fogo a patrimônios históricos, como o Hôtel-de-Ville, o Palais-Royal e o Palais de Justice, primeiro palácio dos reis da França. A Catedral de Notre-Dame escapou por um triz de virar cinzas, quando seus bancos foram amontoados e encharcados com inflamáveis. Mas o renascido Palais des Tuileries não teve a mesma sorte. Seus vastos salões, atulhados de obras de arte e mobílias preciosas, além das memórias de séculos de história, arderam durante três dias.

A repressão, comandada pelo líder do governo, Adolphe Tiers, que negociara a rendição aos prussianos, e por um general chamado Patrice de Mac-Mahon – que depois ascendeu à presidência e nomeia uma das avenidas que partem da Place Charles de Gaulle –, foi inimaginavelmente brutal, uma das mais sangrentas de que se tinha registro até então. Calcula-se que cerca de 25 mil pessoas tenham sido assassinadas em apenas uma semana em maio de 1871, a chamada Semaine Sanglante (Semana Sangrenta). Um número assombroso, seja qual for a régua de comparação – quase dez vezes maior, por exemplo, do que o de vítimas da guilhotina em Paris ao longo de toda a Revolução Francesa.

Só no cemitério Père-Lachaise, um dos últimos redutos dos *communards,* como eram chamados os rebelados, as tropas de Mac-Mahon executaram 47 rebeldes de uma só vez, em represália à execução do arcebispo de Paris, monsenhor Georges Darboy, e de um grupo de monges. Sua nova e potente arma, a *mitrailleuse*, ou metralhadora, era capaz de disparar quase 150 balas por minuto. Os mortos foram enterrados numa vala comum ali mesmo, conforme atesta uma placa no chamado Mur des Fédérés (Muro dos Federados).

Mas as execuções se multiplicaram por toda Paris, inclusive nos hoje plácidos Jardin des Tuileries e Jardin de Luxembourg – neste, por sinal, uma pequena placa registra o local exato dos fuzilamentos, na base de um dos muros da esplanada. Em qualquer passeio pelo centro histórico, na verdade, corre-se o risco de caminhar, inadvertidamente, sobre essas valas abertas às pressas para receber os corpos dos fuzilados, que incluíam mulheres e crianças. No entorno da Caserne Lobau, por exemplo, um antigo quartel situado atrás do Hôtel de Ville, foram assassinadas entre duas e três mil pessoas, após julgamentos sumários conduzidos por um tribunal militar instalado a algumas quadras de distância, no Théâtre du Châtelet.

Como resultado dos excessos cometidos pelos dois lados, a polarização política levaria décadas para ser superada. Para se ter uma ideia, as execuções perduraram ao longo de quatro anos, à medida que os cerca de 43 mil prisioneiros iam sendo julgados por conselhos de guerra. Estima-se que, em função dessas execuções e de fugas para escapar à perseguição, Paris perdeu em um ano em torno de 100 mil trabalhadores, um sétimo de sua população masculina.

Enquanto o sangue corria, o ex-imperador exilou-se novamente em Londres, onde morreria poucos anos depois. Para alguns, teria sido, apesar de tudo, um peculiar "imperador socialista", que estudara a obra de Marx e de Proudhon na prisão e empenhara-se em melhorar as condições de vida dos trabalhadores. Entre outras medidas avançadas para a época, estabeleceu o direito à greve e à formação de sindicatos; implantou o repouso semanal e o seguro-saúde; e promoveu o direito à educação do sexo feminino. Para seus críticos, contudo, não passou de um "imperador burguês", autocrático e corrupto, um ditador que beneficiou industriais e especuladores, num período marcado por extremos de fausto e miséria.

Um ponto em que os historiadores concordam, contudo, refere-se ao fato de que ele personificou à perfeição o espírito do expansionismo imperialista do final do século XIX, ao embarcar em uma série de aventuras militares para ampliar o domínio francês pelo mundo. Além da Guerra da Crimeia, da chamada Segunda Guerra do Ópio, na China, e da Campanha da Indochina, patrocinou ainda uma tresloucada intervenção militar no México, país então às voltas com rebeliões populares de cunho republicano, para tentar implantar do outro lado do Atlântico um regime monárquico alinhado aos interesses da França.

A iniciativa fora incentivada, entre outros, pela imperatriz Eugénia, por influência dos conservadores e católicos mexicanos exilados na Europa, depois que o governo revolucionário do populista Benito Juárez confiscou os bens da Igreja Católica e suspendeu os pagamentos da dívida externa. E terminou com o trágico fuzilamento do jovem príncipe enviado para ocupar o improvável trono, Maximiliano de Habsburgo – irmão do imperador da Áustria, Francisco José –, que chegou a se manter no poder durante três anos, sob a proteção de tropas francesas. Um episódio bizarro que chocou o mundo e ficou registrado no célebre quadro pertencente ao Museu d' Orsay – *L'Exécution de Maximilien* (*A Execução de Maximiliano*) –, obra de um pintor então ainda desconhecido, Édouard Manet, que será personagem do próximo capítulo.

A outrora poderosa Eugénia morreria também no exílio, em Londres, praticamente esquecida, aos 94 anos. Na convulsão política que se seguiu à guerra e à Comuna, nada restara do sonho de resgatar a dinastia dos Bonapartes, nem mesmo um herdeiro. Seu único e adorado filho, o príncipe Luís Napoleão, cujo nascimento fora saudado como a promessa de continuidade do império – com fogos de artifícios, concessão de anistia a presos e até o lançamento de bombons para a população por meio de uma aeronave a gás –, acabou perdendo a vida, de forma trágica e prematura, aos 23 anos.

Engajado contra a vontade da mãe num batalhão do exército inglês que fora enviado à África para combater guerreiros zulus, na então chamada Zululândia, hoje parte da África do Sul, o herdeiro do império morreu em combate, em 1879, após cair do cavalo, trespassado por lanças tribais. Um episódio tão novelesco quanto os muitos que permearam a vida do pai, do tio e da família Bonaparte como um todo.

Montmartre, o bairro popular onde teve início a sublevação da Comuna, depois refúgio da boêmia e hoje uma das atrações de Paris

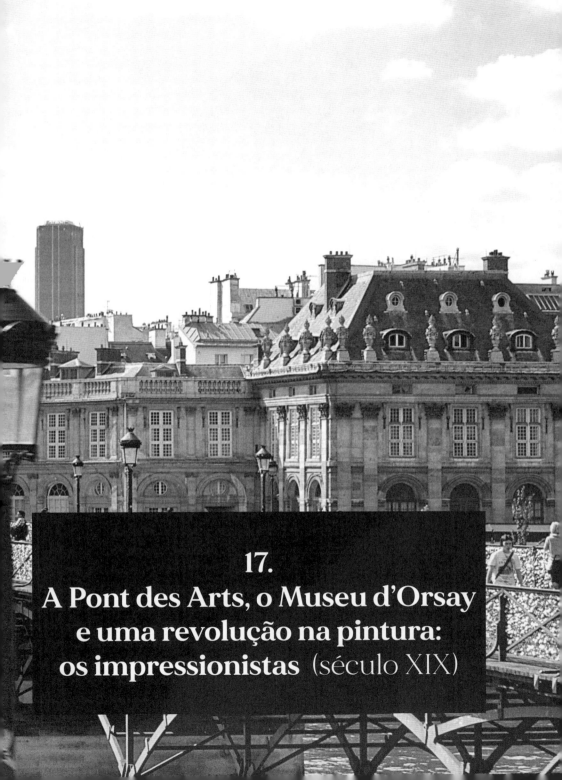

17.
A Pont des Arts, o Museu d'Orsay e uma revolução na pintura: os impressionistas (século XIX)

É impossível capturar a essência de Paris sem levar em conta o culto que a cidade sempre devotou às artes e aos artistas, uma tradição estética que ajuda a explicar a beleza inigualável exibida por seus quatro cantos. Em nenhum lugar do mundo os grandes talentos da música, da literatura, do teatro ou da dança, mas sobretudo das artes plásticas, desfrutaram de um *status* de ídolos comparável ao que lhes foi conferido, ao longo dos séculos, pelos parisienses. E esse entusiasmo mostrou-se especialmente vibrante na segunda metade do século XIX, quando exposições artísticas passaram a atrair multidões de populares, o número de colecionadores e galerias se multiplicou rapidamente, e a cidade tornou-se berço de um movimento que iria revolucionar a pintura: o impressionismo.

Paris era a musa do grupo de jovens rebeldes que circulavam nessa época por suas ruas, com cavaletes a tiracolo, para retratá-la apaixonadamente em dezenas de telas, com uma linguagem pictórica jamais vista. E um bom lugar para evocar a memória desse período é a romântica Pont des Arts (Ponte das Artes), que liga as duas margens do Sena, no sexto *arrondissement,* tendo de um lado o Museu do Louvre, que os impressionistas frequentavam quase diariamente para copiar as obras dos grandes mestres, e do outro, o Palais des Beaux-Arts (Palácio das Belas Artes) e o Institut de France, que abriga academias de cinco áreas do conhecimento.

Erguida entre 1801 e 1804 como a primeira ponte metálica da cidade – e substituída por uma nova estrutura quase duzentos anos depois, porque o choque de uma barcaça danificou a original –, a ponte se tornou famosa por oferecer algumas das melhores vistas de Paris. E principalmente como ponto de encontro dos enamorados, os quais criaram o hábito de cobrir suas amuradas com cadeados como amuletos de amor, até que as autoridades proibiram a prática, por colocar em risco os passageiros dos *bateaux-mouches,* os barcos turísticos que cruzam o Sena.

Para os jovens aspirantes à pintura daquela época, a École des Beaux-Arts, instalada nas proximidades, no palácio de mesmo nome, tinha sido até então uma etapa obrigatória da formação artística. Ali haviam estudado quase todos os pintores franceses de renome, muitos dos quais tornaram-se professores na instituição, cargo que lhes garantia lugar quase cativo no prestigiado Salon des Beaux-Arts – a exposição oficial realizada todos os anos no já desaparecido Palais de l'Industrie, na Champs-Élysées. E que, além de atrair milhares de visitantes, dominava o noticiário e determinava as cotações dos artistas no mercado.

Foi para estudar na École des Beaux-Arts, por sinal, que um jovem chamado Oscar-Claude Monet, filho de comerciantes da cidade portuária de Havre, na Normandia, desembarcou em 1859 de volta a Paris, onde nascera. Para decepção da família, no entanto, Monet preferiu frequentar um pequeno ateliê no outro lado do Sena, no número 4 do Quai des Orfèvres, no primeiro *arrondissement:* a Académie Suisse, do pintor Charles Suisse, o qual se contrapunha ao academicismo da Beaux-Arts e valorizava a experimentação.

Monet não era o único, naqueles tempos, a rebelar-se contra os rígidos cânones que dominavam as artes plásticas. No Suisse, e mais tarde no ateliê do pintor Charles Gleyre, ele logo fez amizade com outros inconformistas, que também buscavam uma nova linguagem para expressar o mundo em ebulição à sua volta, no qual a chegada da eletricidade, do automóvel e das locomotivas parecia colocar tudo em movimento, transformando vertiginosamente a cidade, a vida e os costumes.

Além de se encontrarem durante as tardes no Louvre, eles conviviam nos cafés de bairros boêmios, como Pigalle e Montmartre, onde se empolgavam discutindo pintura. E começaram a se identificar como um movimento, embora fossem de personalidades e trajetórias muito diferentes. Além de Monet, que levava vida de artista, havia um típico burguês parisiense, filho de jurista e sempre bem-vestido, com o qual seu nome era frequentemente confundido: Édouard Manet, que crescera, por sinal, num prédio de apartamentos em frente à École des Beaux-Arts, na Rue Bonaparte, como ali informa uma placa.

Edgar Degas, que ganharia fama retratando a intimidade das bailarinas da L'Opéra de Paris, descendia de banqueiros italianos. Já Pierre-Auguste Renoir era filho de alfaiate. Revelara seu talento desenhando no chão, ainda criança, com o giz usado pelo pai no trabalho, e depois pintando louças numa fábrica de porcelana. O grupo iria incluir também Camille Pissarro, nascido na ilha de Saint Thomas, no Caribe; o introvertido Paul Cézanne, oriundo de uma família rica de Aix-en-Provence; o descendente de ingleses Alfred Sisley; e o jovem filho de um senador que morreria precocemente em combate, durante a Guerra Franco-Prussiana de 1870, Frédéric Bazille.

O temperamental holandês Vincent van Gogh só passou por Paris anos mais tarde, em 1886, e permaneceu na cidade por apenas dois anos, justamente em um de seus períodos mais depressivos – uma das prováveis razões pelas quais fez poucas amizades antes de migrar para o sul da França, em busca de sol e das cores da Provence. A exceção foram os breves relacionamentos com outros dois gênios atormentados, Henri de Toulouse-Lautrec e Paul Gauguin. Este, um ex-operador do mercado financeiro que só se assumiu como pintor tardiamente, mas de forma obsessiva – a ponto de abandonar carreira, mulher e filhos para refugiar-se na Polinésia, atraído pelas culturas primitivas da região.

O que unia personalidades tão distintas era a paixão pela pintura e a determinação de lutar contra o academicismo dominante. Eles questionavam praticamente tudo o que se ensinava na Beaux-Arts: o figurativismo, a predileção por temas históricos, mitológicos ou bíblicos, e sobretudo o paradigma da pintura em estúdio, com poses formais e cores sombrias. Para contrariedade dos professores, preferiam dar vazão à sua arte ao ar livre, a fim de captar as variações da luz na natureza e retratar pessoas comuns, flagradas na espontaneidade do cotidiano, como se tudo estivesse sempre em movimento.

Eles tentavam introduzir justamente as inovações que iriam tornar o impressionismo o movimento artístico mais popular da história. À época, contudo, essa proposta contestadora lhes rendeu o desprezo do *establishment*, a fama de insanos e, para a maioria, uma vida de privações. Como poderiam ter imaginado, enquanto penavam para serem reconhecidos, que um dia sua arte alcançaria preços estratosféricos? Que seus quadros extasiariam milhares de pessoas num museu extraordinário, implantado quase em frente ao Louvre, justamente para exibi-los?

É por isso que o Museu d'Orsay, inaugurado quase um século depois, em 1986, no local de uma estação ferroviária, é reverenciado não apenas por seu fabuloso acervo. Ele representa um momento mágico da história das artes em Paris, no intenso final do século XIX. Porém, embora a cidade fosse o ponto de convergência dos impressionistas, aos poucos eles foram migrando para algumas pequenas vilas dos arredores, como Bougival, Louveciennes e Argenteuil, onde não faltavam paisagens bucólicas para retratar, e a vida era mais barata do que na capital, pois a maioria vivia praticamente na miséria.

Pissarro e Renoir, por exemplo, chegaram a pintar janelas para sobreviver. E Monet, após romper com a família, que não aceitava seu casamento com a modelo Camille Doncieux, dependia da caridade de amigos para pagar as contas. Em certo momento, precisou alojar-se no ateliê de Frédéric Bazille, na encantadora Place de Fürstenberg, uma pequena joia quase escondida atrás da Église Saint-Germain-des-Prés. Em outro, tomado pelo desespero por não ter como alimentar a mulher e o filho, chegou a tentar o suicídio jogando-se às águas do Sena.

Colecionadores, críticos e populares recusavam-se a aceitar como arte aquelas paisagens e cenas delineadas com pinceladas rápidas, a fim de registrar mudanças de luz e movimento, e que mais pareciam borrões a olhos acostumados ao figurativismo. A referência do mercado era então a obra realista de pintores acadêmicos, como Ernest Meissonier, o mais bem-sucedido da época, que fazia fortuna com suas reproduções de cenas históricas, pintadas com tal detalhismo que mais pareciam fotografias. Um exemplo é a famosa *Campagne de France* (*Campanha da França*), quadro da coleção do Museu D'Orsay que retrata uma das batalhas de Napoleão Bonaparte e permite conferir o enorme contraste entre as duas concepções de pintura então em confronto.

Hoje praticamente esquecido, Meissonier morava em um palacete nos arredores de Paris e sua fortuna não parava de crescer, já que ele era premiado quase todos os anos pelo júri do Salon des Beaux-Arts – o mesmo que se recusava a aceitar para exibição as obras dos impressionistas. O número de artistas excluídos da exposição foi aumentando a tal ponto, porém, que o imperador Napoleão III resolveu criar, em 1863, uma mostra paralela, denominada Salon des Refusés, ou "Salão dos Recusados".

Curiosamente, e para surpresa generalizada, ela acabou atraindo um público até maior do que o da mostra oficial: mais de 7 mil pessoas apenas no primeiro dia. O sucesso não se devia, entretanto, à admiração pelos quadros expostos, mas ao fato de os jornais os descreverem como aberrações. Na visão dos críticos, eles pareciam ter sido pintados por crianças, loucos ou artistas com deficiência de visão.

Para tentar contornar tamanha rejeição, os impressionistas resolveram promover exposições independentes. E foi na primeira delas, organizada em 1874, num estúdio emprestado do número 35 do Boulevard des

Capucines, que Monet exibiu o quadro que daria nome ao movimento: *Impression, Soleil Levant (Impressão, Nascer do Sol)*, uma vista do alvorecer sobre o mar da Normandia. Embora com enorme dificuldade, já que não dispunham de dinheiro sequer para bancar o aluguel de espaços, eles conseguiram realizar um total de oito mostras. Mas elas conseguiram apenas atrair mais escárnio e chacota para sua arte.

Embora idolatrado pelos impressionistas, e muitas vezes confundido com eles, Édouard Manet se recusava a participar de suas mostras. Um pintor mais conservador na técnica, que se inspirava nos mestres da pintura flamenga e espanhola dos séculos anteriores, porém mais ousado na escolha de temas e no recurso aos contrastes de luz, ele não queria antagonizar os jurados da mostra oficial, na esperança de ser, um dia, finalmente aceito.

Sua persistência acabou dando resultado em 1863, quando os parisienses puderam, enfim, conferir uma de suas obras no Salon: *Olympia*, retrato de uma cortesã nua que fixa despudoradamente o público. Mas o escândalo foi tamanho que policiais tiveram de permanecer ao lado do quadro, atualmente uma das estrelas da coleção do Museu d'Orsay, para conter populares ultrajados que tentavam atacá-lo com guarda-chuvas e bengalas.

Dois anos depois, Manet causou novo alvoroço no Salon des Refusés com *Le Déjeneur sur l'Herbe (Almoço sobre a Relva)*, desta vez retratando um insólito piquenique, no qual uma mulher despida conversa com dois senhores engravatados. Também na coleção do D'Orsay, o quadro é hoje considerado um dos marcos do modernismo. Mas seu autor acabou pagando caro pela ousadia, já que mal podia sair às ruas após a exibição, para não ser execrado publicamente.

Quem também lutava sem sucesso para expor sua arte era sua amiga, musa e depois cunhada, Berthe Morisot, a excepcional pintora que foi modelo de dezenas de seus quadros. E, suspeita-se, um amor secreto, já que ele era casado quando se conheceram, e ela, a recatada filha de uma família burguesa. Mas a atração teria marcado Morisot, que só se casou anos mais tarde, e justamente com um irmão de Manet, um pintor de pouca expressão chamado Eugène.

Criada num meio em que as jovens estudavam apenas o necessário para um bom casamento, Morisot revelara desde cedo uma vocação irrefreável para a pintura, à qual se dedicaria, ao longo de toda a vida, com uma devoção quase doentia. Ela tinha apenas 17 anos e levava uma vida confortável em Passy, atualmente um bairro do décimo sexto *arrondissement*, quando começou a frequentar o Louvre e se identificou com os jovens de vida boêmia que também se encontravam ali para copiar as obras dos mestres.

Excêntrica e melancólica, jamais se adaptou aos rituais da vida burguesa, que lhe roubavam o tempo para pintar, apesar da dedicação que devotou na maturidade à filha Julie, retratada em inúmeros de seus quadros. Única mulher do grupo original de impressionistas, manteve-se fiel aos amigos até a morte, deixando uma obra extensa e singular, graças à luminosidade de sua paleta de cores e à imensa sensibilidade com que captava cenas familiares – como se pode conferir em seus quadros expostos no D'Orsay, o museu onde os impressionistas finalmente compartilham, embora de forma póstuma, o reconhecimento que lhes faltou em vida.

Graças à sua longevidade, Renoir e Monet foram os únicos que chegaram a desfrutar de popularidade e fortuna. O primeiro faleceu aos 78 anos, em 1919, na propriedade em que se refugiara durante a Primeira Guerra Mundial, em Cagnes-sur-Mer, na Côte d'Azur, sul da França. Monet se foi sete anos depois, em 1926, aos 86 anos. Continuaram amigos e pintando até o fim, embora Renoir enfrentasse dores terríveis para segurar o pincel, em consequência de uma artrite que lhe deformava as mãos. "Mas a dor passa e a beleza fica", justificava.

Quando ele partiu, Monet, que por sua vez lutava contra a cegueira, sentiu que seu mundo desmoronava. "Com ele se vai uma parte da minha vida", lamentou em carta a um amigo. "É duro ficar sozinho." Seu consolo, após tantos anos de dificuldades, foi poder terminar os dias trabalhando num ateliê à altura de seu talento, ou ao ar livre, quando lhe aprazia, na bela propriedade que adquirira em Giverny, a 75 quilômetros de Paris – hoje um museu, no qual sua arte parece continuar viva. Em especial na primavera, quando os jardins que ele cultivou e retratou com maestria, pintam-se de todos os tons da natureza, como uma tela gigantesca.

Monet em Giverny, onde continuou pintando e escrevendo ao amigo Renoir até o fim da vida

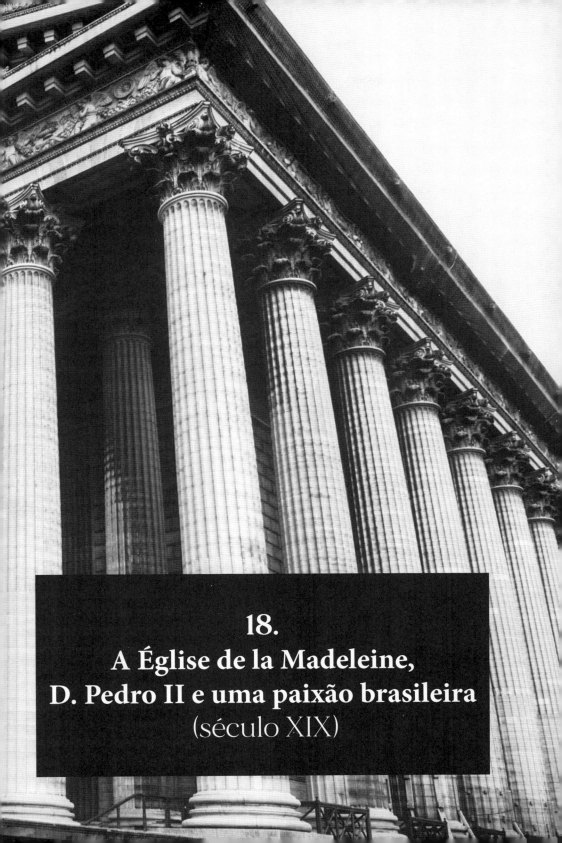

18.
A Église de la Madeleine, D. Pedro II e uma paixão brasileira
(século XIX)

A arquitetura neoclássica da Madeleine, que reflete a ambição de grandeza da França

A arquitetura imponente da Église de la Madeleine, inspirada no Panteão de Atenas, com suas 52 colunas, sempre desperta curiosidade. Como explicar uma igreja que mais parece um templo grego? É que essa era a intenção original do projeto, concebido por Napoleão Bonaparte como homenagem à sua Grande Armée. Após sua queda, e ao longo dos oitenta anos em que se arrastou em seguida a obra, paralisada várias vezes pelas convulsões da política francesa no período, várias outras funções foram cogitadas para o edifício, inclusive a de banco e estação ferroviária. Mas a destinação como igreja acabou prevalecendo. Para os brasileiros, contudo, a Madeleine guarda outra curiosidade particular, por ter sido palco de um episódio relevante da história do país: o velório do imperador Pedro II, que faleceu aos 66 anos num hotel das vizinhanças, o Bedford, sua última moradia durante o exílio.

A morte do velho imperador liberal, poliglota e erudito, que fora membro de várias instituições científicas internacionais, repercutiu no mundo todo. O obituário do jornal americano *The New York Times* prestou homenagem ao "mais ilustrado monarca do século" e lembrou um elogio do antigo primeiro-ministro britânico William Gladstone, segundo o qual D. Pedro teria sido "um governante exemplar". Mas a repercussão foi especialmente intensa em Paris, onde o presidente Sadi Carnot determinou honras militares, ignorando as objeções do novo governo republicano brasileiro, sob a justificativa de que D. Pedro era titular da Grand-Croix de la Légion d'Honneur (Grã-Cruz da Legião de Honra).

Por isso, para os brasileiros, a visita a Madeleine traz a oportunidade de transportar-se para aquele momento solene das exéquias do imperador, ao som do coro da L'Opéra de Paris, num dia gélido de dezembro de 1891. E de imaginar a descida do féretro pela vasta escadaria da entrada, a partir da qual ele foi escoltado por uma guarda de honra de mais de 10 mil soldados e acompanhado por cerca de 200 mil pessoas até a estação ferroviária de Austerlitz para o transporte do caixão a Portugal, onde seria enterrado. A comoção, registrada com destaque pelos jornais do dia seguinte, não chegou a surpreender, pois os franceses haviam aprendido a admirar aquele monarca venerando, que reinara durante meio século, e preferira aceitar o desterro, diante do golpe militar que o depusera, a derramar o sangue dos compatriotas.

Numa França radicalmente polarizada entre monarquistas e republicanos, D. Pedro conseguira a proeza de ser praticamente uma unanimidade. Era reverenciado tanto pelos primeiros, por suas origens dinásticas, quanto pelos republicanos, graças à sua declarada simpatia pelos regimes democráticos, em especial a jovem república norte-americana. E a admiração era mútua. D. Pedro não escondia sua identificação com a cultura francesa e chegou a registrar em seu diário o sentimento de ter "duas pátrias": "o Brasil e a França, esta, a pátria da minha inteligência, a outra, a do meu coração".

Ele nutria uma afeição especial por Paris, cidade que havia visitado em três ocasiões anteriores e escolhera para o exílio. Agora, no final da vida, seguia os passos do pai, com quem nunca convivera, e que os franceses haviam conhecido meio século antes, em 1831, como *Dom Pedrô*, quando este se instalara provisoriamente na cidade, após abdicar do trono em favor do filho. Acompanhado pela segunda mulher, a jovem imperatriz Maria Amélia, D. Pedro I fora então acolhido com honras de chefe de Estado no Palais-Royal pelo último rei francês, Luís Filipe d'Orléans, que lhe ofereceu hospedagem num castelo nos arredores de Versalhes, o de Meudon, já desaparecido, que ele habitou nos primeiros meses longe do Brasil.

Incomodado com a distância de Paris e os custos envolvidos, contudo, acabou preferindo mudar-se para um palacete parisiense, que por sinal está de pé até hoje, no número 10 da Rue des Courcelles, no oitavo *arrondissement,* perto do Parc Monceau e da Église Saint-Philippe-du-Roule, então frequentados pela colônia brasileira. Embora reduzido ao título de duque de Bragança, D. Pedro I era respeitado por ter outorgado ao Brasil uma constituição liberal e por defender a causa do liberalismo também em Portugal, contra o irmão, o absolutista D. Miguel. Tanto que foi convidado de honra do monarca francês nas celebrações pelo primeiro aniversário da revolução *Les Trois Glorieuses* (Os Três Dias Gloriosos), que depusera o último rei conservador da França, Carlos X.

Na ocasião, coube a D. Pedro ajudar Luís Filipe a lançar a pedra fundamental da Colonne de Juillet (Coluna de Julho) da Place de la Bastille, que homenageia os revoltosos que ali morreram na ocasião. E que foi erguida no mesmo local da antiga prisão da Bastille, cuja derrubada dera início, na década anterior, à Revolução Francesa, razão pela qual a escultura dourada em seu topo foi nomeada *Le Génie de la Liberté* (*O Espírito da Liberdade*).

Graças à sua condição de imperador tropical, liberal e autoexilado, D. Pedro I tornou-se em pouco tempo uma figura conhecida. Aficionado da música, ele frequentava assiduamente os espetáculos da Comédie-Française, do Théâtre de l'Odéon e da Salle Favart, o que lhe garantia presença constante nas colunas sociais. Já os jornais satíricos o apelidaram de *Dom Perdreau* (Dom Perdiz), em alusão ao penacho do chapéu de general com que comparecia às cerimônias oficiais. Ou *Dom Perdu* (Dom Perdido), já que enfrentava dificuldades em seu projeto de invadir Portugal para derrubar do poder o irmão, Dom Miguel – que usurpara o trono ao qual D. Pedro havia renunciado em favor da filha mais velha, Maria da Glória.

No entanto, apesar de não conseguir o apoio financeiro que almejara e da desvantagem em tropas com que enfrentou os exércitos do irmão, ele acabou, como se sabe, vencendo a guerra. Porém jamais voltou a Paris, já que morreu dois anos depois, em consequência da tuberculose contraída durante o cerco das tropas miguelistas à cidade do Porto. Já o filho D. Pedro II, em suas estadias na cidade, ocupava-se apenas de programas prazerosos, explorando seus encantos como um turista incansável e apaixonado.

Ele fora apresentado a Paris ainda no auge do poder, aos 45 anos, por um outro grande amor: a baiana Luísa Margarida Portugal de Barros, condessa de Barral, conhecida como Yayá. Criada na França como filha única de um representante do império, o visconde da Pedra Branca, culta e bem relacionada, ela fora preceptora das duas filhas do imperador, as princesas Isabel e Leopoldina. Como era casada quando se conheceram, além de extremamente religiosa, e ele, tímido e moralista, suspeita-se que a relação tenha se mantido platônica durante décadas. Até ela ficar viúva e voltar a morar na capital francesa, onde recebia intelectuais e aristocratas em animadas *soirées* no seu apartamento, no número 127 do Boulevard Haussmann.

Encorajado pela condessa, nove anos mais velha, D. Pedro II empreendeu quatro longas viagens pelo mundo, sempre fazendo questão de pagar as despesas do próprio bolso e de passar por Paris, onde era ciceroneado por ela. Na primeira temporada no exterior, em 1871, lançou-se a uma verdadeira maratona por dez países europeus, nos quais gostava de circular incógnito e evitava recepções oficiais – embora tenha aberto uma exceção para a rainha Vitória, da Inglaterra, e para o imperador da Áustria, seu primo Francisco José. Viajou também ao Egito, onde conheceu as pirâmides e registrou os melhores momentos para a posteridade com uma novidade que o fascinava, uma câmera fotográfica.

Dessa primeira vez, teve de deixar Paris para o final, devido à destruição provocada pela então recente Guerra Franco-Prussiana e a Comuna. Instalou-se no Le Grand Hôtel, atualmente InterContinental Paris Le Grand, no número 2 da Rue Scribe, ao lado do Palais Garnier, então em obras, e criou o hábito, que manteria nas outras estadias, de sair cedo e a pé para esquadrinhar a cidade. Como um turista anônimo, visitou a Saint-Chapelle, o Musée Nationale d'Histoire Naturelle, o Jardin des Plantes e as basílicas de Saint-Denis e Sacré-Coeur, esta ainda em construção na colina de Montmartre, como agradecimento do povo francês pelo fim da guerra.

Também realizou o sonho de assistir a conferências na sede do Institut de France, o prestigiado conjunto de cinco academias situado no Quai de Conti, em frente à Pont des Arts, e que congrega os principais expoentes do conhecimento no país. Incluindo a Academia de Ciências, a que mais o interessava, e que foi convidado a integrar. D. Pedro aproveitou ainda para conhecer o químico Louis Pasteur, criador do método de pasteurização para conservação de alimentos e da vacina antirrábica, com quem manteria depois longa correspondência, tentando, sem sucesso, convidá-lo a viajar ao Brasil para apoiar a luta contra a febre amarela. Ajudou, inclusive, a financiar seu instituto de pesquisa, o prestigiado Institut Pasteur, até hoje centro de referência em doenças infecciosas, e que o homenageia com um busto em sua sede, no número 25 da Rue du Docteur-Roux, no décimo quinto *arrondissement*, embora a escultura esteja em uma sala fechada para visitação.

Pasteur era um dos convidados dos encontros que D. Pedro promovia, nos finais de tarde, com personalidades das ciências e das artes, às quais surpreendia pela erudição e informalidade. Já à noite, frequentava o teatro na Comédie-Française, como fizera o pai, ou oferecia recepções em restaurantes frequentados pela elite – a exemplo do renomado Grand Véfour, situado sob as arcadas do Palais-Royal e um dos mais antigos de

Paris. Um templo à gastronomia e à história, já que por seus esplêndidos salões, primorosamente conservados, passaram quase todos os grandes nomes da França: revolucionários, escritores, filósofos, aristocratas e reis, incluindo o casal Napoleão e Josefina Bonaparte.

Uma das frustrações de D. Pedro durante essa primeira estadia foi não ter conseguido conhecer o mais aclamado escritor francês da época, o grande Victor Hugo, então recém-chegado do exílio, cuja obra admirava. Ele só encontraria o ídolo em sua segunda passagem pela cidade, em 1876, depois do longo périplo que o levara a cruzar os Estados Unidos, a Palestina e os países nórdicos, chegando até a Turquia, Grécia e Rússia, num ritmo que sua pequena corte tinha dificuldade de acompanhar.

Victor Hugo tentara inicialmente evitar ao máximo o encontro, para não prejudicar sua reputação de republicano radical. Não resistiu, no entanto, à insistência do velho monarca quando este o surpreendeu batendo em pessoa à sua porta no apartamento do número 21 da Rue de Clichy. Acabaram conversando sobre os netos, já que Hugo criava os seus, George e Jeanne, após a morte do filho, e acabara de lançar seu último livro justamente sobre o tema, *L'art d'être grand-père* ("A arte de ser avô").

Dias depois, o famoso escritor passou no Le Grand Hôtel para deixar, como prometera, uma fotografia sua com os netos, acompanhada de dedicatória na qual comparava o brasileiro a um dos maiores imperadores romanos: "Àquele que tem Marco Aurélio como antepassado". Pouco mais de um ano depois, em sua terceira temporada em Paris, D. Pedro fez questão de visitar o túmulo do escritor, recém-falecido, no Panthéon, que acabara de ser reinaugurado como memorial aos heróis da pátria.

A essa altura, precocemente envelhecido e com a saúde debilitada pelo diabetes, ele já não tinha a disposição física de antes. O objetivo oficial da viagem fora justamente uma dupla consulta, sua e da imperatriz Maria Cristina, com o célebre médico Jean-Martin Charcot, precursor da neurologia. Porém, após uma temporada na exclusiva estação de águas termais de Baden-Baden, na Alemanha, frequentada pela monarquia europeia, Paris pareceu rejuvenescê-lo.

Cumpria a prescrição médica de banhos turcos nas termas da cidade, fazia passeios matinais pela Avenue des Champs-Élysées e frequentava as residências de suas duas irmãs havia tempos radicadas na cidade: Januária, na Rue Paquet, 28, atual Rue Jean-Giraudoux; e dona Francisca, que tratava por "mana Chica", e era nora do deposto rei Luís Filipe, graças ao casamento com François d'Orléans, príncipe de Joinville. Sua mansão no número 65 da Avenue d'Antin, atual Avenue Franklin D. Roosevelt, seria mais tarde ocupada pelo Consulado Geral do Brasil na França. A viagem teve de ser encurtada, no entanto, por causa de uma crise de pleurite que o levou à beira da morte em Milão, quando cruzava a Itália a caminho de Nápoles, para uma visita aos parentes da imperatriz.

A saúde de D. Pedro II ficou ainda mais fragilizada durante os dois anos de exílio, a partir de 1890. Abatido pela violência com que fora obrigado a deixar o Brasil, às pressas e de madrugada – além da perda da esposa, que morrera logo na chegada a Portugal, e da condessa de Barral, falecida pouco depois –, D. Pedro tinha em Paris seu último consolo.

Restava-lhe agora apenas a companhia da filha mais velha, a princesa Isabel, igualmente exilada na França, terra natal do marido, Gastão de Orléans, o Conde d'Eu, que por coincidência era neto do deposto rei Luís Filipe – aquele mesmo que acolhera D. Pedro I no exílio tantas décadas antes. Um casamento, por sinal, que consolidou os laços entre as casas reais dos dois países, dando origem à família Orléans e Bragança. Porém, como Isabel morava em Versalhes, D. Pedro passeava sempre praticamente sozinho, com sua bengala, pela cidade que amava.

Visitou a Torre Eiffel, recém-inaugurada, que considerou "a maravilha do século", o Museu do Louvre e o Hôtel des Invalides, onde se postou emocionado diante do túmulo de Napoleão. Afinal, fora a invasão de Portugal pelas tropas napoleônicas, em 1808, que mudara o destino da sua família, ao motivar a fuga da corte portuguesa para o Brasil. E foi num desses passeios, quando margeava o Sena em carruagem aberta numa tarde fria em direção ao Parc de Saint-Cloud, que contraiu a pneumonia que o levaria à morte, em 4 de dezembro de 1891, dois dias depois de seu aniversário de 66 anos.

Esse encantamento de D. Pedro II com Paris e a França é emblemático do fascínio mútuo entre franceses e brasileiros, que se estende através dos tempos. Entre os franceses, o interesse começou pouco depois da descoberta do Brasil, ainda no século XVI, quando tentaram estabelecer-se nos territórios então dominados por Portugal, atraídos pela promessa de riquezas inimagináveis. A primeira iniciativa foi financiada pelo rei Henrique II: a tentativa de invasão do Rio de Janeiro, entre 1555 e 1560, por aventureiros liderados pelo protestante Nicolas Durand de Villegagnon, que implantou uma colônia na região de Cabo Frio, a chamada França Antártica, em aliança com índios tamoios e tupinambás.

Alguns anos antes, um grupo de 50 nativos brasileiros foi inclusive levado até a França para ser apresentado a Henrique II e sua esposa Catarina de Médici, durante uma exótica festa realizada na cidade de Rouen, na Normandia, conforme saboroso relato de um historiador e viajante do século XIX, Ferdinand Denis, que viveu no Brasil no período. No século seguinte, a França tentou instalar outro núcleo no país, este na costa nordeste, no local da atual cidade de São Luís, capital do Maranhão, por meio de uma expedição comandada por um certo Daniel de la Touche – o que explica o nome da cidade, dado pelos franceses ao forte ali instalado em homenagem tanto ao rei da época, Luís XIII, quanto ao patrono do seu país, Luís IX.

Data desses primeiros contatos o mito do Brasil como paraíso tropical, de natureza e costumes exuberantes, que se fixaria no imaginário dos franceses, e explica, talvez, a simpatia com que eles acolhem os brasileiros até hoje. Mas no final do século XIX, época do exílio de D. Pedro II, a reputação brasileira estava em baixa, devido à invasão da cidade por milionários latinos de fortuna recente e hábitos provincianos, como os pecuaristas argentinos e os nossos barões do café.

Para a alta sociedade parisiense, tradicionalmente avessa aos chamados *nouveaux riches*, os novos-ricos latino-americanos cabiam todos numa mesma categoria, ridicularizados à boca pequena como *rastaquouères,* termo derivado do espanhol *arrastracueros*, em referência às fortunas conquistadas com a exportação de couro. Embora esse não fosse o principal negócio dos brasileiros, eles eram ainda mais malvistos por causa de sua condição de escravagistas e por deterem títulos nobiliárquicos sem nenhum lastro, distribuídos fartamente durante o império.

O Brasil, por seu lado, aprendeu a reverenciar a França como potência intelectual, berço de ideias e lutas políticas que consagraram os direitos universais à liberdade e à igualdade, a partir do final do século XVIII, quando o Iluminismo e o exemplo da Revolução Francesa influenciaram os movimentos pela independência. Já no século seguinte, o sistema de pensamento conhecido como Positivismo, concebido pelo filósofo e matemático francês Auguste Comte, fundador da Sociologia, foi determinante para a disseminação das ideias que abriram caminho para a derrubada da monarquia.

Embora sua obra tenha repercutido em todo o mundo, em poucos países ela encontrou seguidores tão entusiastas quanto no Brasil, especialmente entre os jovens da Escola Militar do Rio de Janeiro, influenciados pelo professor Benjamin Constant, principal mentor do golpe que resultou na Proclamação da República. O que explica por que uma síntese do lema positivista – "Ordem e Progresso" – foi escolhida para ornar a bandeira brasileira.

Essa ascendência intelectual foi reforçada, em meados do século passado, pela importação de acadêmicos franceses para a fundação da Universidade de São Paulo. Mas o idioma francês já se firmara muito antes como uma segunda língua entre as elites, que faziam questão de enviar os filhos para uma temporada na pátria de Voltaire e Rousseau. Foi o caso de Santos Dumont, por exemplo, egresso de uma família de cafeicultores paulistas e que se tornou popular entre os parisienses, por volta de 1900, em função dos seus voos espetaculares sobre a cidade – em especial devido à ousadia com que pousava seu aeromóvel em plena Avenue des Champs-Élysées, diante da sua residência na esquina com a Rue Washington, apenas para tomar um cafezinho.

Paris deixou também sua marca em seguidas gerações de intelectuais e artistas brasileiros, entre os quais o compositor Heitor Villa-Lobos e o casal formado pelo escritor Oswald de Andrade e sua mulher, a pintora Tarsila do Amaral, os quais ali beberam das fontes que dariam origem ao movimento modernista. O apartamento-ateliê de Tarsila, no número 9 da Rue Hégésippe, no bairro de Clichy, no décimo quinto *arrondissement*, era o endereço de festivas feijoadas regadas a pinga. Já Villa-Lobos morou durante uma temporada no mesmo Hotel Bedford, situado na Rue de l'Arcade, atrás da Madeleine, onde faleceu D. Pedro II.

Esse vínculo afetivo entre os cidadãos dos dois países ficou evidente também durante a Primeira Guerra Mundial, entre 1914 e 1918, quando o Brasil foi o único país latino-americano a enviar pilotos e soldados para lutar ao lado dos franceses e aliados da chamada Tríplice Entente, que incluía Reino Unido e Rússia, contra os países da Tríplice Aliança (Alemanha, Império Austro-Húngaro e Itália). A colônia brasileira em Paris financiou inclusive um hospital para tratamento de feridos de guerra, para o qual importou 92 médicos brasileiros, além de enfermeiros e pessoal administrativo. Essa contribuição ainda hoje é rememorada com uma placa no local em que o hospital se situava, atualmente ocupado pelo Hôpital Vaugirard, no décimo quinto *arrondissement*.

Ao longo de todo o século XX, Paris continuou a acolher seguidas levas de brasileiros – desta vez os exilados políticos, perseguidos pela ditadura militar, como o arquiteto Oscar Niemeyer, por exemplo, que deixou seu traço arrojado e inconfundível inscrito na paisagem da cidade, no prédio da sede do Partido Comunista Francês, na Place du Colonel Fabien, entre o décimo e o décimo nono *arrondissements*. Tombado como monumento histórico da França, o enorme edifício de formas sinuosas, com sua longa fachada de vidro fumê e uma cúpula redonda que emerge do chão, parece um pedaço de Brasília insolitamente transplantado para a capital francesa.

Essa empatia entre os cidadãos brasileiros e franceses é evidenciada também todos os anos por uma curiosa tradição que se repete a cada mês de julho, justamente na Église de la Madeleine: a Lavage de la Madeleine ("lavagem da Madeleine"), um ritual de limpeza das escadarias da igreja com água benta e flores, seguindo os preceitos do candomblé, por brasileiras vestidas a caráter como mães de santo, nos moldes da cerimônia realizada na Igreja de Nosso Senhor do Bonfim, em Salvador, na Bahia, desde o século XVIII.

A celebração começa com um desfile que parte da Place de la République, no qual brasileiros e franceses dançam ao som de vigorosa batucada, e culmina num espetáculo de sincretismo cultural, reunindo o padre católico da paróquia e um babalorixá, ou pai de santo, numa algaravia de três idiomas: francês, português e o iorubá dos escravos africanos encarregados desses rituais de purificação no Brasil colonial. Uma cerimônia pitoresca, que integra o Festival Culturel Brésilien (Festival da Cultura Brasileira), e traduz de forma vibrante o sempiterno caso de amor dos brasileiros por Paris.

19.
A Torre Eiffel, símbolo da Cidade Luz: entre a *Belle Époque* e os *Années Folles*, as trevas da Primeira Guerra Mundial (séculos XIX e XX)

A ponte Alexander III, construída para a Exposição Universal de 1900, símbolo do estilo art nouveau

Não importa quantas vezes se visite a Torre Eiffel, não há como levantar os olhos até o seu cume, 300 metros acima, sem ficar embasbacado com a forma prodigiosa com que sua teia de ferro se sustenta em pé. Imagine-se, então, o assombro dos parisienses que foram conferir de perto, em março de 1889, a espantosa obra do engenheiro Gustave Eiffel – a mais alta estrutura erguida até então no mundo, encomendada para a Exposição Universal daquele ano para celebrar o centenário da Revolução Francesa. Como estar seguro de que aquelas sete mil toneladas de metal não desabariam de uma hora para a outra em cima de quem estivesse embaixo? E com que coragem subir ao topo, se nem mesmo as autoridades convidadas para a conclusão da obra haviam encarado o desafio?

Sem contar que os parisienses haviam passado dois anos ouvindo todo tipo de especialista afirmar, categoricamente, que o projeto de *Monsieur* Eiffel não pararia em pé. E haviam acompanhado pelos jornais a campanha movida por artistas e intelectuais contra o que consideravam um "monumento monstruoso e inútil". Trezentos deles, numa lista que incluía os escritores Émile Zola, o pintor Paul Gauguin e o compositor Charles Gounod, chegaram a publicar um abaixo-assinado em protesto contra a torre, "em nome do bom gosto francês, da arte e da história hoje ameaçadas".

Quem poderia prever que aquele monumento controverso, construído em caráter temporário, terminaria por se transformar no ícone por excelência da França e de sua capital? E que ganharia notoriedade também como símbolo de um dos períodos mais gloriosos da história de ambas, a chamada *Belle Époque*? Uma época, na virada do século XIX para o XX, lembrada com nostalgia pelo *glamour* e a efervescência cultural que evoca, e na qual Paris se metamorfoseou radicalmente graças a uma leva sem precedentes de inovações científicas e tecnológicas que impulsionaram a industrialização, reduziram a miséria e imprimiram um novo ritmo à vida. Como registraria tempos depois o escritor e poeta Charles Péguy, "o mundo havia mudado mais naquelas décadas do que em todos os séculos depois de Jesus Cristo".

Após as catástrofes do cerco e do bombardeio durante a Guerra Franco-Prussiana, da derrota humilhante para os alemães e do banho de sangue da Comuna, havia um novo otimismo no ar e sinais de progresso por toda parte. Contra todas as expectativas, a França acabara de pagar, antes do prazo, a pesada indenização exigida pela Alemanha, o que permitiu a retirada do meio milhão de soldados inimigos que haviam permanecido no país. E a invenção da eletricidade, na década de 1880, começava a revolucionar o cotidiano e as mentalidades com novidades, como o rádio, o telefone, o gramofone e o cinema.

Em Paris, os velhos lampadários a gás, responsáveis por sua famosa atmosfera boêmia, deram lugar aos luminosos feéricos de teatros, cafés e cabarés, que lhe valeriam o novo epíteto de Cidade Luz. Os automóveis passaram a substituir as carruagens e ônibus puxados a cavalo, que tanto atravancavam e emporcalhavam as ruas. E a inauguração da primeira linha do metrô, em 1900, com as estações decoradas no estilo *art nouveau* que se tornariam referência visual da cidade, obrigava as pessoas a se acostumarem a algo inaudito: a velocidade dos trens.

Deixando para trás os pesadelos da guerra, da fome e das convulsões sociais, a cidade embarcava numa fase inédita de prosperidade, acompanhada por uma explosão de vida e alegria, como numa catarse. Com a melhoria na renda dos trabalhadores, multiplicaram-se os bailes populares, retratados em diversas telas impressionistas, como o *Bal du Moulin de la Galette* ("O baile no moinho da Galette"), de Pierre-Auguste Renoir, uma das atrações do Museu d'Orsay. E o champanhe, que se consagrava justamente naquele momento, graças a inovações no processo de produção, passou a borbulhar como nunca no circuito dos endinheirados.

Foi também a era dourada da boêmia e de Montmartre, em cujos cabarés exibia-se uma nova dança que escandalizou o mundo, o cancã. Um dos mais populares era o Moulin Rouge, eternizado na obra de um de seus frequentadores mais conhecidos, o pintor pós-impressionista Henri de Toulouse-Lautrec, personalidade emblemática da Belle Époque. De ascendência nobre, mas deformado por uma doença genética, Lautrec retratava as dançarinas e prostitutas do bairro com as quais convivia com um traço arrojado e peculiar. Entre elas, sua modelo mais frequente era a popular Louise Weber, apelidada *La Goulue* (A Gulosa), pela rapidez com que esvaziava os copos em seu entorno. E cuja fama vinha justamente da sua destreza no cancã, a ponto de conseguir tirar o chapéu dos cavalheiros da audiência com a ponta dos pés.

A prostituição, que fora legalizada décadas antes, durante o Segundo Império, tornara-se uma das atrações turísticas da cidade, transformada em capital mundial do hedonismo. Os registros oficiais listavam cinco mil prostitutas em atividade, mas calcula-se em 120 mil o número das profissionais do sexo, incluindo as chamadas *filles insoumises* (jovens rebeldes), eufemismo que designava as que se vendiam de forma esporádica para conseguir fechar as contas.

Como se todos precisassem de um antídoto contra a agitação que a modernidade imprimira à vida, o consumo de absinto e entorpecentes, como haxixe, cocaína e ópio, disparou. Tornou-se mesmo de bom-tom ostentar seringas artisticamente decoradas em *soirées privées*, as animadas noitadas da alta sociedade, como as do *salon* da rica, bela e culta polonesa Misia Sert, na Rue Saint Florentin, nos arredores da Place Vendôme.

Filha de uma família de instrumentistas famosos, carismática e bissexual, Misia dominava a cena artística como musa e mecenas de muitos de seus expoentes. Foi retratada por Toulouse-Lautrec e Renoir; homenageada por composições de Maurice Ravel; inspirou uma das personagens do romance *À la Recherche du Temps Perdu* (*Em busca do tempo perdido*), de Marcel Proust; além de poemas do extravagante dramaturgo Jean Cocteau, um dos muitos viciados em ópio nesse meio.

Consta ainda que ela era ninfomaníaca, tendo mantido vários relacionamentos em seu círculo de amizades, incluindo um caso intermitente com uma antiga cantora de cabaré chamada Gabrielle, a futura estilista Coco Chanel, da qual falaremos no próximo capítulo, e que por aqueles tempos ainda ganhava a vida costurando chapéus e escondia seu passado de órfã criada por caridade no interior da França.

Pairando sobre essa Paris inebriada, a própria Torre Eiffel parecia um lembrete permanente de que tudo, na Belle Époque, se tornara possível. Contrariando as previsões, Gustave Eiffel, que fizera fortuna construindo pontes ferroviárias, conseguira concluir sua obra visionária em apenas dois anos. A "dama de ferro" agora projetava para o mundo uma imagem renovada da França: a de um país que voltava ao jogo das potências, após um século de tumulto político, durante o qual sua economia perdera espaço frente aos vizinhos europeus.

As dimensões da torre, por sinal, haviam sido projetadas deliberadamente para que ela se tornasse recordista em altura, ultrapassando de longe a que ostentava até então o título de edificação mais alta do mundo: o Washington Monument, obelisco da capital americana de 169 metros, inaugurado apenas quatro anos antes, e depois de cinco décadas de trabalho.

Os parisienses parecem ter intuído todos esses significados, pois o sucesso foi retumbante. Embora uma pane tenha paralisado os elevadores justamente no dia da inauguração, mais de um milhão de pessoas dispuseram-se a desembolsar os cinco francos do ingresso para subir ao topo, ao longo dos sete meses que durou a exposição. Em consequência, ainda que Eiffel tivesse um contrato de arrendamento do terreno por um prazo máximo de vinte anos, a desmontagem da estrutura foi sendo sucessivamente adiada. Até que acabou cancelada de vez, nove anos depois, quando ficou evidente sua utilidade para a implantação de antenas de retransmissão de sinais de rádio e telégrafo.

Em meio à euforia da Belle Époque, ninguém poderia suspeitar que, poucos anos depois, a torre iria se tornar crítica para a defesa de Paris, como posto de comunicações e monitoramento do espaço aéreo durante a Primeira Guerra Mundial. A velha rivalidade entre a França e a Alemanha desandara mais uma vez para o conflito armado, em agosto de 1914, quando tropas alemãs invadiram o país pelo norte, a partir da Bélgica, e avançaram rapidamente até as margens do rio Marne, a apenas 32 quilômetros da capital. Tão perto que o som de sua artilharia podia ser ouvido nas ruas da cidade.

A ameaça de nova invasão reviveu o pânico dos bombardeios da Guerra Franco-Prussiana e deflagrou uma onda de revanchismo. Era a chance de acertar as contas com o antigo inimigo e tentar recuperar a Alsácia e a Lorena, as duas províncias do leste ricas em minério que haviam sido perdidas para a Alemanha. Com os sinos das igrejas tocando para convocar voluntários e reservistas, o nacionalismo ganhou as ruas, provocando uma onda de ataques contra estabelecimentos suspeitos de pertencerem a alemães.

A ofensiva, como se sabe, marcava o início de uma conflagração europeia generalizada que terminaria por matar nada menos do que 19 milhões de pessoas e devastar o continente. Era o desmoronar de um velho mundo dominado por monarquias autoritárias e esclerosadas, em descompasso com as demandas sociais e políticas de um novo tempo. Naquele momento, no entanto, sua causa imediata parecia um assunto remoto e quase incompreensível para a maioria dos franceses e demais populações envolvidas: o assassinato, dois meses antes, do arquiduque Francisco Ferdinando, herdeiro do império austro-húngaro, e sua esposa, na cidade de Sarajevo, na Bósnia, uma das províncias eslavas recém-anexadas pelos austríacos.

O autor do atentado, Gavrilo Princip, era membro de um grupo terrorista partidário da independência da Bósnia e que defendia a integração com o reino vizinho da Sérvia, a fim de reunir a população eslava dos Bálcãs em uma única nação. Quando a Áustria reagiu declarando guerra à Sérvia, que tinha o apoio da Rússia, acusando-a de patrocinar o assassinato, desencadeou o emaranhado de alianças que incendiaria a Europa. De um lado, a coligação formada pelos chamados Impérios Centrais – a Alemanha e a Áustria-Hungria, depois apoiados pelo Império Turco-Otomano; de outro, os membros da chamada Tríplice Entente – França, Reino Unido e Rússia –, que haviam se comprometido à defesa mútua. E aos quais se aliariam, mais tarde, países como os Estados Unidos, Japão e Brasil.

Por trás desse quebra-cabeça geopolítico, rivalidades imperialistas e interesses econômicos contrariados sinalizavam havia anos a probabilidade de um confronto militar. Mas ninguém esperava que ele irrompesse naquele momento, em plena temporada de férias de verão. Nem que viesse a durar tanto tempo e com tamanha ferocidade. Tanto que os soldados e oficiais franceses mobilizados às pressas partiram para o *front* cheios de entusiasmo, acreditando que estariam de volta a casa para o Natal, como prometia a propaganda oficial.

Na iminência de mais uma invasão de Paris, o governo se transferiu para a cidade de Bordeaux e convocou um general aposentado, Joseph-Simon Gallieni, para assumir a defesa da capital. Como dispunha de uma única e insuficiente divisão sob seu comando, Gallieni recorreu a uma solução engenhosa: requisitou toda a frota local de táxis, ônibus e carros particulares para ir buscar soldados nas regiões vizinhas e transportá-los rapidamente até a zona de combate.

A convocação conseguiu mobilizar cerca de 600 táxis em poucos dias. E, quando se vê um dos pequenos Renault vermelhos usados na ocasião, com a cabine do motorista aberta, como era típico dos automóveis da época, no Musée de l'Armée – o Museu do Exército, situado no Hôtel des Invalides –, fica-se imaginando em que condições eles deram conta de transportar 4 mil soldados em poucos dias, rodando a no máximo 25 quilômetros por hora. E entende-se por que Gallieni, que prometera aos parisienses defender a cidade a qualquer custo, tornou-se um de seus heróis.

Os franceses conseguiram deter o avanço alemão, ainda que ao enorme custo de 25 mil vidas, na chamada Batalha do Marne. Mas o inimigo fez apenas um recuo, estacionando a 64 quilômetros da capital. E ali iria permanecer ao longo dos quatro anos de guerra, obrigando os parisienses a suportar cotidianamente o som de sua artilharia praticamente em seu quintal. Enquanto isso, outra ofensiva alemã, esta vinda do leste, continuava a avançar França adentro.

As estações ferroviárias foram então tomadas de assalto por reservistas e voluntários, apelidados afetivamente de *poilus* – que em tradução literal significa "cabeludos", mas na gíria da época indicava virilidade. E as cenas pungentes de despedida tornaram-se rotina nas plataformas de embarque, especialmente na Gare de l'Est, um dos principais pontos de mobilização, como ficou retratado por um painel ali pintado, anos depois, pelo artista americano Albert Herter, *Le Départ des Poilus* (A partida dos soldados).

Esses regimentos que seguiram para a frente leste, na direção da fronteira com a Alemanha, iriam conhecer o inferno. Após algumas das mais mortíferas batalhas já registradas pela história, como as de Verdun e do Somme – locais cujo solo guarda até hoje as crateras deixadas pelas bombas –, os dois lados acabaram paralisados em uma guerra de trincheiras, que se estendiam desde o Mar do Norte até a fronteira da França com a Suíça. Nesses fossos, os *poilus* sobreviviam afundados na lama, maltratados pela fome e por doenças, em meio a ratos e cadáveres, já que o número de mortos não parava de aumentar.

Chamado inicialmente de La Grande Guerre (A Grande Guerra), o conflito que ganharia dimensão mundial em 1917, após o envolvimento dos Estados Unidos, em represália ao afundamento de navios norte-americanos por submarinos alemães, inaugurou um novo patamar de mortalidade na história bélica, devido ao emprego pelos alemães dos mais mortíferos armamentos jamais vistos: metralhadoras, canhões e obuses de alta potência, bombas incendiárias lançadas de zepelins e principalmente armas químicas, empregadas pela primeira vez em combate.

A mais terrível era o asfixiante gás mostarda, que provocava uma morte prolongada e desfigurava as vítimas, o que multiplicou enormemente o número de soldados mortos nunca identificados, como o que está enterrado em Paris sob o Arc de Triomphe. Só nos cinco primeiros meses de combate, de agosto a dezembro de 1914, a França perdeu 300 mil militares, 2 mil por dia. Ao final dos quatro anos, o número de mortos, incluindo civis, chegou ao assombroso total de 1 milhão e 380 mil, em uma população de 40 milhões.

Em Paris, apesar dos ecos da artilharia inimiga, as pessoas tentaram inicialmente manter a rotina, iludidas pela propaganda governamental que prometia uma vitória rápida. Aos poucos, contudo, os trens que levavam soldados para as trincheiras começaram a descarregar, na volta, multidões de refugiados, feridos e mutilados. Como as regiões ocupadas pelos alemães concentravam a maior parte das minas de carvão e importantes centros de produção industrial e agrícola, a escassez de alimentos e combustível logo começou também a cobrar o seu preço. Especialmente durante o rigoroso inverno de 1916, quando as águas do Sena congelaram e uma epidemia de tuberculose se alastrou pela cidade.

O que faltava para derrubar de vez o moral da população veio com a intensificação dos bombardeios aéreos. Nos primeiros anos, as pessoas haviam se acostumado com o voo dos zepelins, dirigíveis que soltavam pequenas bombas de pouca precisão, a ponto de fazer piadas. A revista *La Vie Parisienne* (*A Vida Parisiense*), uma espécie de *Playboy* francesa da época, chegou a ilustrar uma capa com uma mulher semidespida afastando zepelins como se fossem insetos.

A partir do início de 1918, contudo, quando os alemães passaram a empregar seus novos aviões Tauben, capazes de descarregar bombas mais potentes e em maior quantidade, a Cidade Luz se apagou de vez, devido à proibição de manter focos de iluminação durante a noite, para dificultar o trabalho dos pilotos inimigos. Com o intuito de confundi-los, o governo tentou até mesmo construir, na cidade-satélite de Maison-Laffitte – onde uma curva do Sena se assemelha à que o rio desenha no entorno da Île da Cité –, uma espécie de maquete em tamanho real de Paris, com réplicas de madeira compensada do Arc de Triomphe e da L'Ópera, além de efeitos de iluminação e pintura, para tornar o conjunto realista.

Mas os bombardeios continuaram. O mais mortífero deles, em março de 1918, atingiu, entre outras edificações, a antiga Église Saint-Gervais Saint-Protais, no coração do Marais, em uma Sexta-Feira da Paixão, matando 92 pessoas e ferindo outras 86. Ainda é possível, por sinal, ver as marcas deixadas pelos obuses em alguns pilares do lado oeste da nave. A partir de então, as igrejas foram fechadas aos cultos, e os católicos passaram a assistir às missas em subterrâneos, como os antigos cristãos – uma cerimônia de primeira comunhão, por exemplo, foi improvisada no subsolo da loja de departamentos Bon Marché.

Tão aterrador quanto os Tauben era o canhão Krupp de última geração instalado pelos alemães num *bunker* na cidadezinha de Crépy-en-Laonnois, a 64 quilômetros de Paris: o Paris-Geschütz ("arma de Paris"), que foi apelidado La Grosse Bertha ("A Grande Berta"), em referência à herdeira da família Krupp. Mais do que provocar perdas materiais ou humanas, o principal objetivo dos bombardeios era justamente espalhar o terror, para quebrar a resistência da população. Ainda assim, eles mataram 256 civis e feriram outros 620. Como se não bastasse, o último ano da guerra trouxe outro flagelo: a gripe espanhola, que iria matar pelo menos 50 milhões de pessoas em todo o mundo. Só em Paris, foram 2 mil mortos em uma única semana.

Após tanto sofrimento, pode-se imaginar o júbilo das multidões que invadiram as ruas, em novembro de 1918, para festejar o fim dos combates, ao som festivo dos sinos das igrejas. Mas a França estava praticamente arruinada e exangue. Além do morticínio e da devastação material, a guerra deixara mais de 4 milhões de feridos, 600 mil viúvas e 700 mil órfãos carentes de auxílio. Eram raras as famílias que não haviam perdido um ente querido, como testemunham os monumentos encontrados por todo o país e as longas listas inscritas nas igrejas com os nomes dos *Morts pour la France* ("Mortos pela França") de cada comunidade.

Passados os primeiros momentos de alívio, no entanto, ficou claro que a paz seria temporária, já que as hostilidades entre os países envolvidos continuavam latentes. E, enquanto o povo trabalhava para se recuperar, em especial nas zonas rurais, em Paris as elites descobriram um apetite renovado pela vida, num frenesi de festas e celebrações. Como se pressentissem a nova tragédia que se abateria sobre todos apenas duas décadas depois, com a eclosão da Segunda Guerra Mundial.

Nesse breve interregno, que ficou conhecido como *Les Années Folles* ("os Anos Loucos"), Paris retomou com sofreguidão seu posto de capital mundial do prazer. Os bordéis proliferaram e folhetos conhecidos como *Guides Roses*, ou *Guias Cor-de-rosa*, listavam para os turistas nomes, endereços e especialidades das prostitutas locais. Nos cabarés, as noites eram embaladas por novidades como o *charleston* e o foxtrote, além do *jazz*, introduzido pelos soldados norte-americanos negros que haviam permanecido na cidade após a guerra, atraídos por sua tolerância racial.

Dos Estados Unidos veio também uma dançarina negra que se tornou um ícone desses Anos Loucos: Josephine Baker, que arrebatava plateias apresentando-se praticamente nua, adornada apenas com penas de flamingo ou uma fieira de bananas na cintura, no Théâtre des Champs-Élysées, no Folies Bergère e no Casino de Paris. Traumatizada com a segregação racial sob a qual crescera nos cortiços de Saint Louis, no Missouri, Baker se encantou com a receptividade dos parisienses, em contraste com a hostilidade que conhecera em seu país e em outras capitais europeias. Seu sucesso na cidade foi tão duradouro que ela acumulou fortuna e passou a frequentar os círculos do poder, além de passear pela Champs-Élysées com seu leopardo de estimação, Chiquita, preso por uma coleira de brilhantes.

Anos depois, durante a ocupação alemã na Segunda Guerra Mundial, Baker retribuiu essa acolhida engajando-se na Resistência como espiã. Além de roubar segredos militares dos oficiais inimigos que conhecia para repassá-los ao movimento, escondeu perseguidos em seu castelo no sudoeste da França, o Château des Milandes, e usou parte da fortuna para socorrer refugiados. Por essa razão, foi mais tarde homenageada com o título de Chevalier de la Légion d'Honneur (Cavaleiro da Legião de Honra), ganhou uma praça com seu nome no décimo quarto *arrondissement* e foi entronizada entre os heróis do Panthéon.

Essa atmosfera eletrizante, que misturava europeus endinheirados, aristocratas russos refugiados da revolução comunista e norte-americanos agastados com a Lei Seca em seu país, acabou atraindo também uma leva de artistas e escritores de várias nacionalidades que viam Paris como um farol de novas ideias para substituir as do mundo que colapsara. Nomes como o do irlandês James Joyce e do espanhol Pablo Picasso, por exemplo; do russo Marc Chagall; e dos norte-americanos Henry Miller e Ernest Hemingway. E foi nesse ambiente cosmopolita e de sincretismo cultural que germinou uma explosão de criatividade – uma renovação radical do pensamento e das artes cujo impacto reverbera até hoje.

Esses artistas, cuja obra ficaria definitivamente influenciada pela temporada parisiense, incluíam alguns nomes já consagrados, como o escritor Scott Fitzgerald e os compositores Cole Porter e George Gershwin

– cuja sinfonia *An American in Paris* ("Um americano em Paris") foi inspirada, por sinal, na cacofonia da buzina dos táxis na Place de la Concorde, próxima ao hotel em que ele vivia. E *I love Paris* ("Eu amo Paris"), composta por Porter anos depois, iria se tornar uma espécie de hino para os apaixonados pela cidade.

Porém a maior parte dos artistas estrangeiros vivia na penúria, sem conseguir vender sua arte, que contrariava os padrões do pré-guerra. Era o caso do pintor e escultor italiano Amedeo Modigliani, cujas figuras humanas alongadas causavam espanto. Ele morreu precocemente, vítima de tuberculose e alcoolismo, em uma miséria tão absoluta que sua jovem mulher, grávida, se jogou, em desespero, da janela do apartamento em que moravam.

Um dos pontos de apoio dos necessitados era o apartamento da escritora e mecenas Gertrude Stein, no número 27 da Rue des Fleurus, no sexto *arrondissement*. Foi ela, aliás, que popularizou a expressão "geração perdida", a qual ouvira de um mecânico francês em referência aos ex-soldados traumatizados pela guerra. Para Stein, o termo definia também muitos dos artistas e intelectuais do seu círculo, os quais tinham dificuldade de retomar a vida após a loucura que acometera o mundo – e que o escritor Louis-Ferdinand Céline tentou exorcizar no romance *Voyage au bout de la nuit* (*Viagem ao fim da noite),* que se tornaria um clássico da literatura sobre a guerra.

A essa altura, o polo intelectual e boêmio da cidade já se expandira de Montmartre para Montparnasse, ao sul do Quartier Latin, em cujos cafés – como o Closerie des Lilas, o Rotonde, o Dôme e o Select, que funcionam até hoje – escritores, pintores, poetas e músicos se enredavam em discussões intermináveis sobre o sentido da arte no mundo que emergia. E sobre a necessidade de criar novas linguagens para ajudar a construí-lo.

Na arquitetura e no design, as formas rebuscadas que haviam caracterizado o estilo *art nouveau* da Belle Époque deram lugar à estética mais depurada e industrial do *art déco*. Na literatura, autores transtornados pelas atrocidades, como André Breton e Paul Éluard, encontraram uma nova forma de expressão no absurdo, como se a insanidade da carnificina houvesse atestado a falência da razão – movimento que daria origem ao Dadaísmo e ao Surrealismo. Já nas artes plásticas, a imagem das pessoas começou a ser progressivamente desfigurada, sugerindo um questionamento do humano.

É como se as artes tivessem entrado em transe ou em surto, antecipando a nova onda de destruição e morte que iria se abater outra vez sobre o mundo, a partir de 1939. Nesse sentido, em retrospecto, a Segunda Guerra Mundial hoje é considerada praticamente uma continuação da primeira. Aquela que, na utopia dos idealistas, seria "a guerra que acabaria com todas as guerras" – conforme a expressão inspirada no título de um dos livros do escritor H. G. Wells. Mas que acabou se revelando, de fato, apenas um trágico ensaio.

20.
A Champs-Élysées, De Gaulle e a Batalha de Paris: ocupação, resistência e liberação na Segunda Guerra Mundial (século XX)

Com suas calçadas elegantes repletas de turistas, a Champs-Élysées, avenida símbolo de Paris, parece sempre festiva. Mas ela foi palco de dois dos momentos mais traumáticos da história recente da cidade: o início e o fim da ocupação alemã durante a Segunda Guerra Mundial, entre 1940 e 1944. Foi por ali que as tropas do exército nazista, a Wehrmacht, adentraram Paris numa manhã do verão de 1940, com a cadência das botas em marcha reverberando num silêncio sepulcral. E ali igualmente que, quatro anos depois, em 26 de agosto de 1944, uma multidão explodiu em aplausos, entoando a Marselhesa sob o repicar dos sinos das igrejas, para celebrar a liberação da cidade e o desfile da vitória, encabeçado pelo principal líder do movimento de resistência, o general Charles de Gaulle.

A invasão alemã pegara os franceses de surpresa. Eles estavam convencidos de que uma barreira de fortificações ao longo da fronteira leste, a Linha Maginot, e o reforço das defesas ao norte, com o apoio dos aliados britânicos, bloqueariam o avanço de seus inimigos históricos. Mas os alemães atacaram a partir da Bélgica, com velocidade e potência sem precedentes, na tática que ficaria conhecida como *blitzkrieg*, ou guerra-relâmpago. E precisaram de apenas cinco dias para fulminar as tropas francesas, matando 100 mil soldados e capturando 2 milhões de prisioneiros, ao mesmo tempo que seus blindados penetravam o país também pelas montanhas da região das Ardennes, ao leste, na que era considerada uma rota menos provável para a invasão.

Quando as notícias da derrota chegaram à capital, em meio aos primeiros e aterradores bombardeios, Paris entrou em pânico. Com a memória dos horrores da Primeira Guerra Mundial ainda fresca, famílias inteiras se lançaram em fuga pelas estradas, carregando o que podiam em carros, carroças, bicicletas e até carrinhos de bebê. O pânico logo se espalhou pela França inteira, e calcula-se que, ao longo do mês seguinte, 8 milhões de pessoas abandonaram suas casas para escapar dos alemães. "As pessoas estão enlouquecidas, nem respondem ao que lhes perguntamos", relatou em seu diário de guerra um camponês transformado em soldado, Gustave

Folcher, comovido diante das fileiras intermináveis de civis desesperados. "Elas só repetem uma palavra: evacuação, evacuação, evacuação."

Em Paris, os que não podiam partir refugiaram-se, de início, atrás das portas e do silêncio. Um silêncio que permaneceria gravado para sempre na memória dos que o viveram, exacerbado pelo esvaziamento súbito das ruas, já que a circulação de automóveis fora proibida, e a escuridão quase absoluta das noites, após a imposição do toque de recolher. Essas eram apenas as primeiras de uma sequência acachapante de humilhações que veio em seguida, já que os nazistas fizeram questão de se vingar sem pudor das pesadas penalidades e indenizações com que a França castigara seu país, 21 anos antes, após a derrota na Primeira Guerra Mundial.

Hitler exigiu, por exemplo, que o armistício fosse assinado no mesmo local em que a Alemanha se rendera, uma clareira na floresta de Compiègne, a 82 quilômetros ao norte de Paris. E exatamente no mesmo vagão de trem usado na ocasião – o qual depois mandou transportar para Berlim, a fim de ser incinerado, embora se possa visitar uma réplica no Musée de l'Armistice (Museu do Armistício), em Compiègne.

Os invasores também obrigaram os franceses a regular seus relógios pelo fuso horário de Berlim e, como perfídia suprema, a arcar com os custos da ocupação. Sem contar a vexação cotidiana de ver a suástica tremulando por toda parte e os esbirros da SS, unidade paramilitar nazista, circulando com arrogância como os novos donos da cidade. Como se pode constatar em cenas registradas à época para efeito de propaganda, que chocaram os aficionados por Paris mundo afora e até hoje causam arrepios. "Poucas desgraças pessoais me consternaram tanto como a humilhação de Paris, uma cidade abençoada como nenhuma outra pela capacidade de fazer feliz todos que a visitam", lamentou, entre outros, o escritor austríaco Stefan Zweig.

Tratando-se da Cidade Luz, no entanto, a vida não tardou a retomar seu curso, com o tradicional burburinho nos bulevares, cafés, teatros e cabarés, de novo lotados. Como indica o título de um excelente livro sobre o período, do jornalista inglês Alan Riding, "a festa continuou". Tanto a L' Opéra, no Palais Garnier, quanto o lendário *music hall* Casino de Paris, por exemplo, reabriram suas portas poucos dias depois da derrocada.

Para a maioria dos franceses, traumatizados por duas hecatombes anteriores – a Guerra Franco-Prussiana e a Primeira Guerra Mundial –, a capitulação parecia representar, apesar de tudo, um mal menor. Era o preço a pagar para evitar mais mortandade e a destruição das suas cidades por bombardeios. Convocado para formar um governo de colaboração com o inimigo, o já octogenário marechal Philippe Pétain, condecorado por heroísmo no último conflito, recorreu justamente ao argumento da preservação de vidas para apoiar a rendição. Vale lembrar ainda que a poderosa extrema direita francesa, da qual ele fazia parte, e com a qual simpatizava uma parcela significativa da população, identificava-se com a ideologia nazista, que considerava um contraponto ao avanço do comunismo na Europa.

Pétain e seus apoiadores, que viram na invasão a oportunidade de impor sua "Révolution Nationale" (Revolução Nacional), de caráter ultraconservador, aceitaram também a exigência de transferir a sede de seu governo fantoche para a cidadezinha de Vichy, estação termal no centro do país, o que resultou na divisão da França em duas regiões: a chamada Zona Livre, que englobava as províncias centrais e do sul, e usufruía de fato apenas de uma liberdade de fachada, e uma Zona Ocupada, que incluía Paris, representando quase dois terços do território ao norte e a oeste, e que ficou sob o comando militar alemão.

Apesar da violência da mera presença dos nazistas, que se apossaram dos principais palácios e edifícios públicos, sobretudo na região da Champs-Élysées – o comando militar, por exemplo, foi instalado no Hôtel Majestic, atual The Peninsula, no número 19 da Avenue Kléber –, a maioria dos parisienses logo tratou de conviver com os inimigos para sobreviver. Embora seja tentador condená-los, em retrospecto, há que se levar em conta o alto preço de desafiar as tropas de ocupação e o contexto do momento – o que não implica justificar a colaboração na perseguição aos conterrâneos ou aos judeus.

Àquela altura, afinal, acreditava-se que Hitler estava prestes a ganhar a guerra. Além disso, diferentemente do que ocorreu em outras capitais europeias, soldados e oficiais alemães foram instruídos inicialmente a evitar agressões contra a população. Interessava ao Führer manter uma fachada de normalidade em Paris, cidade que ele planejava transformar em uma segunda capital do seu Terceiro Reich e designara como uma espécie de estação de férias para a elite nazista – a qual se deleitava nos teatros, cabarés e templos de gastronomia da cidade.

Ele próprio, aliás, não dispensou um circuito turístico quando visitou brevemente Paris, logo após a assinatura do armistício. Fez questão de conhecer os principais monumentos e posar para fotos diante deles, além de visitar o túmulo de Napoleão no Hôtel des Invalides – ocasião em que, num aparente arroubo emocional, determinou que os restos mortais do filho do ex-imperador, enterrados na Áustria, onde ele crescera após a queda do império, fossem trazidos a Paris para repousar ao lado do pai.

A vida só ficou realmente perigosa, já nessa fase inicial da ocupação, para os que se engajaram em movimentos da Resistência, fosse promovendo sabotagens e contrapropaganda, fosse exilando-se para combater o nazismo ao lado das forças aliadas. Foi o caso do até então desconhecido general de Gaulle, que se opusera à capitulação e teve de se refugiar na Inglaterra, depois de julgado e condenado à morte, à revelia, como traidor.

De Londres, onde se autodeclarou chefe do governo no exílio, de Gaulle ganhou notoriedade transmitindo discursos pela rádio da British Broadcast Corporation, a BBC, nos quais convocava os compatriotas a se sublevar. Ouvidos de forma clandestina em toda a França, sob o risco de morte, eles se revelaram decisivos para fomentar a Resistência. Tanto que o primeiro desses discursos, que entrou para a história como *L'Appel du 18 juin* (O apelo de 18 de junho), é relembrado até hoje em placas e nomes de praças em inúmeras cidades do país. Em Paris, podem-se conferir alguns de seus trechos na *Place du 18-juin-1940* (Praça do 18 de junho de 1940), entre o sexto e o décimo quinto *arrondissements*. "A esperança deve desaparecer? A derrota é definitiva?", questionava de Gaulle. "Não! [...] Pois a França não está sozinha. [...] Não importa o que acontecer, a chama da Resistência não se apagou e não se apagará jamais."

Os que ousaram permanecer em Paris lutando na clandestinidade, entre os quais grande número de mulheres, travaram um combate heroico e quase suicida. Muitos eram denunciados pelos próprios conterrâneos, que os acusavam de terrorismo por recorrer à violência. Quando capturados, eles eram encaminhados para as centrais de torturas da Gestapo, a polícia política alemã, sendo que a principal delas ficava justamente nas imediações da Champs-Élysées, na elegante Avenue Foch, onde seus gritos incomodavam dia e noite a rica vizinhança.

Os sobreviventes eram encarcerados em prisões nos arredores da capital, como a de Fresnes, e permaneciam sob a ameaça permanente de fuzilamento, já que os alemães praticavam execuções em massa, em represália por atentados contra seus militares. Mas um grande número não resistia aos suplícios. Um caso célebre é o de um dos mais admirados líderes da Resistência, o advogado Jean Moulin, então conhecido pelo codinome Rex, que morreu em consequência de tortura enquanto era transportado de trem para um campo de concentração na Alemanha.

Sua bravura, junto com a de inúmeros outros combatentes anônimos, é relembrada em um museu situado no local de um dos antigos esconderijos subterrâneos do movimento na Place Denfert-Rochereau, no décimo quarto *arrondissement*: o Musée de la Libération de Paris – Musée du Général Leclerc – Musée Jean-Moulin, cujo longo nome se explica por integrar acervos referentes a dois personagens. Além de Moulin, o general Philippe de Hauteclocque, cujo nome de guerra era Leclerc, um dos principais comandantes militares da Resistência, e cuja Segunda Divisão Blindada foi a primeira a entrar em Paris para a liberação da cidade.

Ali, não há como não se emocionar diante de cartas, fotos, documentários e objetos pessoais que retratam as agruras enfrentadas não apenas pelos resistentes, mas pelos parisienses em geral, sobretudo nos anos finais da ocupação, quando o racionamento de comida e combustível tornou a vida ainda mais penosa. E, em especial, com o sofrimento dos judeus, tanto os de cidadania francesa quanto os refugiados de outros países europeus, que haviam acorrido à França antes da guerra justamente para tentar escapar ao nazismo.

As prisões e deportações começaram já no primeiro ano da ocupação, sob o comando da própria polícia francesa do governo colaboracionista, como relatado anteriormente. E contaram com o apoio de muitos franceses, que denunciavam seus vizinhos e conhecidos em troca de favores dos alemães ou por identificação ideológica com o nazismo – um assunto que permaneceu como tabu no pós-guerra, até ser trazido à tona por alguns livros, filmes e documentários memoráveis, a exemplo de *Le Chagrin et la Pitié* (*Tristeza e Compaixão*), de 1970, e *Elle s'appelait Sarah* (*A Chave de Sarah*), de 2010, baseado em um romance homônimo.

Esses colaboracionistas, os chamados *collabos*, podiam ser encontrados em todos os estratos sociais, incluindo industriais, intelectuais e celebridades, como a estilista Coco Chanel, por exemplo. Amante de um alto oficial da Gestapo, um barão de nome Hans Günther von Dincklage, para o qual atuava como espiã, Chanel atravessou os anos da ocupação instalada no sofisticado Hotel Ritz da Place Vendôme, um dos raros locais da cidade onde nunca faltava *champagne* e *foie gras*. Em consequência, teve de se exilar por dez anos após a liberação – e não se sabe até hoje se o rancor dos compatriotas se deveu mais à traição política ou, dado o apreço dos franceses pela gastronomia, à vilania de ter se refestelado com o inimigo enquanto a maioria passava fome.

Também não foram poucos os artistas e intelectuais que ficaram com a reputação comprometida por suposta complacência com os ocupantes. Em situações assim extremas, afinal, nem todos se dispõem a arriscar a vida pelos ideais que defendem em teoria. Os escritores Jean-Paul Sartre e Simone de Beauvoir, entre outros, permaneceram em Paris sem ser incomodados, sendo que o primeiro continuou encenando suas peças. Já Pablo Picasso decepcionou admiradores quando se recusou a subscrever uma petição pela liberação de um amigo judeu preso pela Gestapo, o poeta Max Jacob, que morreu pouco depois em Drancy, um campo de concentração instalado ao norte de Paris pelo qual passaram cerca de 120 mil prisioneiros.

Um relato do banqueiro judeu Élie de Rothschild, que conseguiu sobreviver à deportação, sugere que a maioria da elite parisiense aderiu sem escrúpulos aos nazistas. Após o final da guerra, ao reapoderar-se de sua residência da Avenue de Marigny, que fora ocupada pela Força Aérea Alemã, a Luftwaffe, ele ouviu do mordomo que o palacete fora palco de recepções durante quase todo o período da ocupação. "E quem comparecia a essas festas?", indagou. "Praticamente as mesmas pessoas que nos frequentavam antes", teria respondido o funcionário.

Essa tolerância em relação aos nazistas perdurou praticamente até a expulsão dos alemães. Durante sua última visita à cidade, poucos meses antes da liberação, por exemplo, o marechal Pétain, que se tornara objeto de culto popular, foi ovacionado por uma multidão em frente ao Hôtel de Ville. E um dos principais propagandistas do governo, Philippe Henriot, apelidado de "Goebbels francês" por suas emissões radiofônicas em favor dos nazistas, recebeu um enterro de herói, mais ou menos na mesma época, depois de assassinado por um comando da Resistência.

Foi somente após quatro anos de ocupação e o desembarque aliado na Normandia, quando a derrota nazista já se mostrava iminente, com as tropas aliadas avançando através da França rumo à Alemanha, que as diferentes facções da Resistência conseguiram suspender temporariamente suas rivalidades e se sublevaram para tentar retomar a cidade. Num sábado de agosto de 1944, diante da ordem dos alemães para entregarem suas armas, policiais franceses desafiaram os superiores, ocuparam a

Préfecture de Police – a central de polícia localizada em frente à Catedral de Notre-Dame – e hastearam em seu topo a bandeira nacional tricolor, cuja exibição estivera proibida durante a ocupação.

Foi o estopim de uma encarniçada batalha de cinco dias, em que resistentes e populares recorreram a velhos rifles, bombas caseiras e barricadas para enfrentar os tanques e metralhadoras dos alemães. Muitos acabaram pagando com a vida, como se pode ver pelas inúmeras placas que os homenageiam nos locais em que tombaram – e junto às quais nunca faltam buquês de flores em datas comemorativas. Alguns dos confrontos mais aguerridos ocorreram, por exemplo, no hoje plácido entorno da Fontaine Saint-Michel, na praça de mesmo nome, a poucos passos da Préfecture de Police, no sexto *arrondissement.*

Enquanto bombas espoucavam no centro histórico, onde ainda perduram marcas de balas e obuses em alguns edifícios, outra batalha, esta silenciosa, se desenrolava na frente política. Decidido a não retardar o avanço em direção a Berlim, o general norte-americano Dwight Eisenhower, comandante dos exércitos aliados, resistia aos apelos de de Gaulle para deslocar parte das tropas a fim de socorrer Paris. Mas acabou cedendo para impedir, entre outras razões, segundo se alega, uma tomada do poder pelo Partido Comunista Francês, que comandava a facção mais organizada da Resistência.

Eisenhower autorizou então o já citado general Leclerc a entrar na cidade com suas colunas de tanques, depois que os americanos da Quarta Divisão de Infantaria romperam as defesas alemãs e assumiram a frente dos combates. No entanto, apesar das alegres cenas de celebração registradas em fotos e filmes, que sugerem o fim dos confrontos naquele 25 de agosto de 1944, Paris continuava conflagrada e politicamente dividida entre as várias facções da Resistência e diferentes partidos em disputa pelo poder. E iria enfrentar, na sequência, como toda a França, um longo período de anarquia e violência.

A partir da liberação, começou também o doloroso acerto de contas com os colaboracionistas, que ficou conhecido como *L'Épuration* ("O Expurgo"), e resultou em um número estimado em torno de 10 mil mortos, fosse como vítimas de linchamento, fosse pela criminalização de funcionários e militares colaboracionistas por tribunais oficiais, incluindo o julgamento por traição das principais autoridades do governo de Vichy. O marechal Pétain, seu primeiro-ministro, Pierre Laval, entre outros, foram condenados à morte, embora o primeiro tenha tido a pena comutada para prisão perpétua, em função da idade.

A grande maioria, cerca de 9 mil pessoas, teria sido morta em execuções sumárias, um número superior ao total de executados na guilhotina durante o período mais mortífero da Revolução Francesa, conhecido como "O Terror". "O que nos restou foi o ódio", lamentou mais tarde um dos mais admirados resistentes, o escritor Albert Camus, revoltado com a barbárie dos linchamentos. "Ao ódio dos carrascos responde agora o ódio das vítimas." As vinganças incluíram ainda a execração pública das mulheres que haviam se relacionado com alemães, tratadas pejorativamente de *collabos horizontales* (colaboradoras horizontais). Esses romances haviam se tornado tão frequentes que se estima em cerca de 200 mil as crianças nascidas em consequência dos relacionamentos entre francesas e alemães.

Um ano após a liberação, em seguida à derrota final de Hitler, começou também o doloroso retorno dos deportados que haviam sobrevivido, famélicos e traumatizados, aos campos de extermínio. Além dos prisioneiros de guerra e dos poucos judeus sobreviventes – somente 2 mil entre 72 mil deportados –, os comboios traziam de volta o que restara dos cerca de 650 mil franceses recrutados compulsoriamente para trabalhar em fábricas, fazendas e ferrovias na Alemanha, em condições análogas à escravidão, no famigerado *Service de Travail Obligatoire* (Serviço de Trabalho Obrigatório).

Parte dos deportados era acolhida no elegante Hôtel Lutetia, uma das pérolas do estilo *art déco* em Paris, que fora usado como sede da Abwehr, o serviço de inteligência do estado-maior do exército alemão. Mas a maioria chegava a Paris em centros de acolhimento instalados em estações ferroviárias, como a Gare de l'Est, e no maior deles em toda a França, o da Gare d'Orsay, que algumas décadas depois, em 1986, seria transformado no museu de mesmo nome. Ali, onde hoje turistas se extasiam diante das obras-primas do impressionismo, os familiares dos deportados marcavam ponto diariamente, na esperança de um reencontro. Um dos mais lancinantes relatos dessa provação e do doloroso processo de reintegração dos sobreviventes à vida é o da escritora Marguerite Duras em seu livro *La Douleur* (*A Dor*), publicado em 1985, no qual narra a busca obsessiva por notícias do marido desaparecido, que fora membro da Resistência.

Em seguida, começaram a regressar também a Paris os milhares de obras de arte que haviam sido sigilosamente escondidas no interior da França, antes da invasão, para escapar à pilhagem nazista. Só do Louvre haviam saído cinco mil caixas, entre as quais a que abrigava a preciosa escultura grega *Vitória de Samotrácia*, que já sobrevivera a inúmeros outros surtos de insanidade humana em seus dois mil anos de história. A elas se juntariam, mais tarde, muitas das obras efetivamente roubadas e transportadas para a Alemanha, de onde foram resgatadas quase por milagre por uma unidade militar criada especialmente para esse fim pelo presidente norte-americano Franklin Delano Roosevelt.

Foi nessa França devastada e polarizada que o general de Gaulle, que tivera a coragem de contrariar superiores e conterrâneos em nome das próprias convicções, despontou como o providencial homem certo na hora certa. Pois era provavelmente o único político capaz de promover algum tipo de conciliação entre forças políticas antagônicas para preservar a unidade do país, ocupado por tropas anglo-americanas e à beira de uma guerra civil.

Era um destino surpreendente para um militar erudito e brilhante, mas que não tivera muita sorte na carreira até então. Ferido três vezes na Primeira Guerra Mundial, ele chegou a ser dado por morto e passou o resto do conflito como prisioneiro em campos alemães, dos quais tentou escapar nada menos do que cinco vezes, sendo seguidamente recapturado. Depois da guerra, em desvantagem contra os oficiais que haviam se destacado em combate, teve de se resignar a um posto como professor de História na Academia Militar de Saint-Cyr, do qual acabou demitido por discordar do pensamento estratégico de guerra então dominante, essencialmente defensivo e ultrapassado.

Acabou salvo do ostracismo, veja-se a ironia, justamente pelo então celebradíssimo marechal Pétain, seu ex-comandante, que o convocou para ajudá-lo a escrever suas memórias, mas com o qual terminou rompendo relações devido a divergências durante o trabalho. E do qual se afastaria de vez ao se refugiar em Londres, para combater a política de colaboração com os nazistas do antigo chefe. Após a reconquista da França pelas forças aliadas, o destino de ambos sofreria uma inversão radical. Enquanto Pétain amargava a prisão numa fortaleza na Île d'Yeu, na costa do Atlântico, onde terminou seus dias, de Gaulle tornou-se chefe do governo provisório e iniciou a ascensão política que o tornaria um dos mais admirados personagens da França, um dos "Pais da Pátria".

Aliando senso de patriotismo, habilidade política e ambição – a qual, segundo os adversários, correspondia em tamanho aos seus quase dois metros de altura –, ele conseguiu não apenas restaurar a ordem interna como também resgatar o *status* internacional da França, derrotada militarmente e marcada pelo estigma da colaboração. Além de garantir ao país uma participação na ocupação da Alemanha, assegurou um lugar à mesa das potências que iriam comandar o rearranjo geopolítico do pós-guerra, por meio de um assento permanente no recém-formado Conselho de Segurança da ONU.

Ainda assim, no ambiente de instabilidade política que caracterizou o período, a chamada Quarta República, o general acabou perdendo espaço e se viu obrigado a renunciar. Em outra reviravolta do destino, contudo, como um predestinado, foi reconvocado ao poder durante uma crise institucional causada pela Guerra de Independência da Argélia, em 1958. A partir de então, manteve-se como presidente por uma década, entre 1959 e 1969, inaugurando a Quinta República – uma fase da vida francesa lembrada até hoje com nostalgia, em razão da prosperidade econômica alcançada, da ascensão da França à condição de potência nuclear e da revitalização da sua cultura, expressa entre outros exemplos pelo movimento da Nouvelle Vague, que revolucionou a estética do cinema.

Graças à sua autoridade moral e popularidade, de Gaulle conseguiu sobreviver até mesmo à grande convulsão de maio de 1968, mencionada no capítulo 1, durante a qual a oposição e manifestantes exigiram nas ruas a sua renúncia. Um ano mais tarde, no entanto, à beira dos 80 anos, renunciou pela segunda vez e exilou-se em sua propriedade, na cidadezinha de Colombey-Les-Deux-Églises, no nordeste do país, onde morreu pouco depois.

Já havia se firmado então como o homem que melhor personificou, no século XX, os valores e o senso de grandeza da França, conforme lembram alguns de seus textos inscritos na impressionante estátua que o homenageia – caminhando de queixo erguido, na postura altiva que o caracterizava – na Place Clemenceau, a meio caminho da Avenue Champs-Élysées, onde ele desfilou vitorioso no dia da libertação da cidade. Um dos lados da base do monumento registra justamente o trecho mais conhecido de seu discurso naquele dia de 1944, diante de uma multidão defronte ao Hôtel de Ville. "Paris, Paris humilhada, Paris alquebrada, Paris martirizada, mas Paris liberada", proclamou, traduzindo para a posteridade o sentimento de catarse dos parisienses após quatro anos sob o jugo nazista.

PARA ENTENDER PARIS

Já do outro lado da pedra, uma frase de um de seus livros de memórias sintetiza sua concepção gloriosa do papel da França na história: "Há um pacto de séculos entre a grandeza da França e a liberdade do mundo". No parágrafo completo, ele expande ainda mais o escopo dessa ambição: "Tenho a impressão de que a Providência criou este país para grandes conquistas ou malogros exemplares", acrescenta de Gaulle no livro. [...] A França, para mim, não pode existir sem grandeza". Uma visão que parece expressar, com a verve que era característica de de Gaulle, um sentimento profundamente entranhado na cultura e na alma francesas. E que ajuda a entender a complexa personalidade de seu povo e da sua milenar e apaixonante capital, a fabulosa Paris.

Referências bibliográficas

ALARY, Éric. *La Grande Guerre des civils*. Paris: Éditions Perrin, 2013.

ANCEAU, Éric. *Ils ont fait et défait le Second Empire*. Paris: Éditions Tallandier, 2019.

ARIKHA, Noga; SIMONETTA, Marcello. *Napoléon and the rebel*. A story of brotherhood, passion and power. New York: Palgrave MacMillan, 2011.

ASSUMPÇÃO, Maurício Torres. *A história do Brasil nas ruas de Paris*. Rio de Janeiro: Casa da Palavra, 2014.

AUGUSTO, Sergio. *E foram todos para Paris*. Rio de Janeiro: Casa da Palavra, 2011.

AUSTIN, Paul Britten. 1812: *Napoleon in Moscow*. London: Green Hill Books, 1995.

BABELON, Jean-Pierre. *Henri IV*. Paris: Éditions Fayard, 1982.

BAJOU, Valérie. *Versailles*. New York: Abrams, 2012.

BARMAN, Roderick J. *Imperador cidadão*. São Paulo: Editora Unesp, 2012.

BAXTER, John. *Paris at the end of the world*. The city of light during the Great War, 1914-1918. New York: Harper Collins, 2014.

BAXTER, John. *Saint-Germain-des-Prés:* Paris's rebel quarter. New York: Harper Perennial, 2016.

BAXTER, John. *The most beautiful walk in the world*: a pedestrian in Paris. New York: Harper Perennial, 2011.

BEAUHARNAIS, Hortense de. *Mémoires de la reine Hortense*. Paris: Mercure de France, 2006.

BEEVOR, Antony; COOPER, Artemis. *Paris after the liberation, 1944-1949*. London: Penguin Books, 2007.

BERTAUD, Jean-Paul. *Camille et Lucile Desmoulins*. Un couple dans la tourmente. Paris: Presses de la Renaissance, 1986.

BERTIÈRE, Simone. *Henri IV et la providence*. Paris: Éditions des Fallois, 2020.

BERTIÈRE, Simone. *Le Beau XVI Siècle, Les reines de France au temps des Valois*. Tome 1. Paris: Éditions de Fallois, 1996.

BERTIÈRE, Simone. *Les années sanglantes, Les reines de France au temps des Valois*. Tome 2. Paris: Éditions de Fallois, 1996.

BERTIÈRE, Simone. *Les deux regentes*. Paris: Éditions de Fallois, 1996.

BERTIÈRE, Simone. *Les femmes de roi-soleil*. Paris: Éditions des Fallois, 1998.

BLANCHARD, Paul. *Paris, ville historique*. Paris: Éditions Lebre Internationales, 1984.

BONA, Dominique. *Berthe Morisot, le secret de la femme en noir*. Paris: Editions Grasset & Fasquelle, 2000.

BRANDÃO, Adriana. *Les Brésiliens à Paris: au fil des siècles e des arrondissements*. Paris: Chandeigne, 2019.

BRUCE, Evangeline. *Napoleão & Josefina*. Rio de Janeiro: Record, 1997.

BUISSON, Jean-Christophe; SÉVILLIA, Jean. (org.) *Les derniers jours de reines*. Paris: Éditions de la Loupe, 2017.

CAHILL, Susan. *The streets of Paris: a guide to the City of Light. Following in the footsteps of famous Parisians throughout history*. London: St Martin Press, 2017.

CAMBRONNE, Laurence de. *Madame de Stael, la femme qui faisait trembler Napoléon*. Paris: Allary Éditions, 2015.

CANTOR, Norman F. *The civilization of the Middle Ages*. New York: Harper and Collins, 1993.

CARO, Ina. *Paris sobre trilhos:* viajando de trem pela história da França. São Paulo: Leya, 2012.

CARO, Ina. *The road from the past:* travelling through history in France. New York: Harvest Books, 1996.

CAROLIS, Patrick de. *Letizia R. Bonaparte:* dans l'intimité de la mère de Napoléon. Paris: Pocket, 2015.

CARS, Jean des. *La saga des favorites*. Seize égeries qui ont bouscoulé l'histoire du monde. Paris: Perrin, 2013.

CARVALHO, José Murilo de. *D. Pedro II*. São Paulo: Companhia das Letras, 2007.

CASTRO, Eve. *Nous, Louis, roi*. Paris: Éditions de L'Iconoclaste, 2015.

CHAUDUN, Nicolas. *Le Brasier*. Le Louvre incendié para la Commune. Paris: Actes Sud, 2015.

CHRISTIANSEN, Rupert. *Paris Babilônia:* a capital francesa nos tempos da Comuna. Rio de Janeiro: Record, 1998.

COLLINS, Larry; LAPIERRE, Dominique. *Is Paris burning?* New York: Warner Books, 1965.

COMBEAU, Yvan. *Histoire de Paris.* Paris: Presses Universitaires de France, 1999.

DELDERFIEL, R. F. *Imperial sunset:* the fall of Napoleon, 1813-14. New York: Stein and Day, 1984.

DEL PRIORE, Mary. *Condessa de Barral, a paixão do imperador.* Rio de Janeiro: Objetiva, 2008.

DENIS, Ferdinand. *Une fête brésilienne célébrée a Rouen en 1550*: suivie d'un fragment du XVIe siècle roulant sur la théogonie des anciens peuples du Brésil, et des poésies en langue tupique de Christovam Valente. Paris: J. Techener Librairie, 1850. Versão digital: http://www2.senado.leg.br/bdsf/handle/id/518668.

DUMAS, Alexandre. *La reine Margot.* Paris: Gallimard, 2009.

FÉMELAT, Armelle; FERRAND, Franck; LE FUR, Didier; POMMEREAU, Claude. *François Ier, le choc de la Renaissance:* enquête sur un souverain contesté. Paris: Beaux Arts Éditions, 2015.

FRANCK, Dan. *Paris ocupada:* Paris submetida à violenta repressão nazista. Um relato daqueles anos sombrios. Porto Alegre: L&PM Pocket, 2017.

FREREJEAN, Alain. *Napoléon III.* Paris: Fayard, 2017.

FRIEDA, Leonie. *Catarina de Médici:* poder, estratégia, traições e conflitos – *a rainha que mudou a França.* São Paulo: Planeta, 2019.

FRIEDERICH, Otto. *Olympia*: Paris no tempo dos impressionistas. São Paulo: Companhia das Letras, 1993.

GALLO, Max. *Henri IV:* un roi français. Paris: Pocket, 2018.

GALLO, Max. *Une histoire de la Première Guerre Mondiale:* 1914, le destin du monde. Paris: XO Éditions, 2013.

GALLO, Max. *Une histoire de la Première Guerre Mondiale:* 1918, la terrible victoire. Paris: XO Éditions, 2013.

GRAU, Eros. *Paris, quartier Saint-Germain-des-Prés.* São Paulo: Globo, 2011.

GUENIFFEY, Patrice. *Les derniers jours des rois:* de Charlemagne à Napoléon III. Paris: Le Figaro Histoire/Perrin, 2014.

HAZAN, Eric. *A invenção de Paris:* a cada passo uma descoberta. São Paulo: Estação Liberdade, 2017.

HAZAREESINGH, Sudhir. *How the French think.* London: Penguin Books, 2016.

HAZAREESINGH, Sudhir. *La légende de Napoléon.* Paris: Éditions Tallandier, 2005.

HEMINGWAY, Ernest. *Paris est une fête.* Paris: Éditions Gallimard, 2011.

HENRY, Michel; VIDAL, Guy. *La merveilleuse histoire de Paris:* des origines à la Révolution. Tomes I et II. Paris: Dargaud Éditeur, 1970.

HIBBERT, Christopher. *The days of The French Revolution.* London: Penguin Books, 1980.

HORNE, Alistair. *Seven ages of Paris.* New York: Vintage Books, 2004.

HORNE, Alistair. *The fall of Paris:* The Siege and the commune 1870-71. London: Penguin Books, 2007.

HUGO, Victor. *L'insurrection parisienne.* Paris: Éditions de L'Herne, 2016.

HUGO, Victor. *Les misérables.* Paris: Éditions Gallimard, 1973 e 1995.

HUGO, Victor. *O corcunda de Notre Dame.* Rio de Janeiro: Zahar, 2013.

HUSSEY, Andrew. *A história secreta de Paris:* como ladrões, vigaristas, cruzados, santas, prostitutas, déspotas, anarquistas, poetas e sonhadores transformaram um povoado gaulês na Cidade Luz da Europa. Barueri: Amarilys, 2011.

ISABELLE, comtesse de Paris. *Moi, Marie-Antoinette.* Paris: Éditions Robert Laffon, 1993.

JACKSON, Julien. *Charles de Gaulle:* uma biografia. Rio de Janeiro: Zahar, 2020.

JEANNENEY, Jean-Noël; GUÉROUT, Jeanne. *L'Histoire de France vue d'ailleurs.* Paris: Éditions des Arènes, 2016.

JOHNSON, Diane. *Into a Paris Quartier:* Reine Margot's chapel and other haunts of Saint-Germain. Washington: National Geographic Society, 2005.

JONES, Collins. *Paris:* biografia de uma cidade. Porto Alegre: L&PM, 2009.

JONNES, Jill. *Eiffel's Tower:* the thrilling story behind Paris's beloved monument and the extraordinary World's Fair that introduced it. New York: Penguin Books, 2009.

KENT, Michael of. *As grandes amantes da história.* Rio de Janeiro: Record-Rosa dos Tempos, 1996.

KING, Ross. *The judgement of Paris:* the revolutionary decade that gave the world impressionism. New York: Bloomsbury Publishing, 2006.

KLADSTRUP, Don; KLADSTRUP, Petie. *Vinho & guerra*: os franceses, os nazistas e a batalha pelo maior tesouro da França. Rio de Janeiro: Zahar, 2002.

KROPOTKIN, Peter. *The Great French Revolution.* New York: Shocken Books, 1971.

KUPFERMAN, Fred. Le Procès de Vichy: Pucheu, Pétain, Laval. Paris: Éditions Archipoche, 2021.

LE FUR, Didier. *François 1er.* Paris: Éditions Perrin, 2015.

LE GOFF, Jacques. *Saint Louis.* Paris: Gallimard 1996.

LEMOINE, Bertrand. *La tour de Monsieur Eiffel.* Paris: Gallimard, 1989.

LENÔTRE, G. *Paris Révolutionnaire.* Paris: Perrin, 2014.

LEVER, Evelyne. *Le temps des illusions*: chronique de la Cour et de la Ville, 1715-1756. Paris: Éditions Fayard, 2012.

LURIE, Patty. *Guia da Paris impressionista.* Rio de Janeiro: Record, 1996.

LUSTOSA, Isabel. *D. Pedro I.* São Paulo: Companhia das Letras, 2006.

MACAULAY, Neill. *Dom Pedro I:* luta pela liberdade no Brasil e em Portugal, 1798-1834. Rio de Janeiro: Record, 1993.

MANCERON, Claude. *The wind from America:* 1778-1781. Age of the French Revolution. v. 2. New York: Alfred A. Knopf, 1978.

MANCHESTER, William. *A world lit only by fire:* the medieval mind and the Renaissance – portrait of an age. London: Macmillan, 1992.

MARKHAM, Felix. *Napoleon.* New York: New American Library, 1963.

McAULIFFE, Mary. *When Paris sizzled:* the 1920s Paris of Hemingway, Chanel, Cocteau, Cole Porter, Josephine Baker, and their friends. Lanham: Rowman& Littlefield, 2016.

McAULIFFE, Mary. *Paris on the brink:* the 1930s Paris of Jean Renoir, Salvador Dalí, Simone de Beauvoir, André Gide, Sylvia Beach, Léon Blum, and their friends. Lanham: Rowman& Littlefield, 2018.

MERCURI, Chiara. *Saint Louis et la couronne d'épines:* histoire d'une relique à la Sainte-Chapelle. Paris: Riveneuve, 2011.

MITFORD, Nancy. *The Sun King.* New York: Harmony Books, 1966.

MOOREHEAD, Caroline. *A train in winter:* a story of resistance, friendship and survival in Auschwitz. London: Vintage, 2012.

MOTTA, Carlos Guilherme. 1789-1799: a Revolução Francesa. São Paulo: Ática, 1989.

NÉMIROVSKY, Irène. *Suite française.* Paris: Éditions Denoel, 2004.

ONFRAY, Michel. *L'art d'être français.* Paris: Bouquins, 2021.

PAXTON, Robert. *Vichy France:* Old Guard and New Order, 1940-1944. New York: Alfred A. Knopf, 1972.

PERRIGON, Judith. *Victor Hugo vient de mourir.* Paris: Éditions de L'Iconoclaste, 2015.

PEYREFITTE, Alain. *Le mal français.* Paris: Éditions Fayard, 2006.

PRESTWICH, Michael. *Medieval people:* from Charlemagne to Piero dela Francesca. London: Thames & Hudson, 2014.

RABELLO, Marcos Monteiro. *O abade Suger, a igreja de Saint-Denis e os primórdios da arquitetura gótica na île-de-France do século XII.* Dissertação de mestrado, Instituto de Filosofia e Ciências Humanas, Universidade Estadual de Campinas, 2005.

RESTON Jr, James. *Warriors of God:* Richard the Lionheart and Saladin in the Third Crusade. London: Faber & Faber Ltd, 2002.

RIDING, Alan. *Paris, a festa continuou:* a vida cultural durante a ocupação nazista, 1940-4. São Paulo: Companhia das Letras, 2012.

ROBB, Graham. *Victor Hugo:* uma biografia. Rio de Janeiro: Record, 2001.

ROBERT, Gwenaële. *Le dernier bain.* Paris: Éditions Robert Laffont, 2018.

ROE, Sue. *The private lives of the impressionists.* New York: Harper Perennial, 2007.

ROLLAND, Jacques. *Des templiers à la franc-maçonnerie:* les secrets d'une filiation. Paris: Editions Trajectoire, 2010.

ROUART, Jean-Marie. *Napoléon ou La destinée.* Paris: Éditions Gallimard, 2012.

SCHWARCZ, Lilia Moritz. *As barbas do imperador:* D. Pedro II, um monarca dos trópicos. São Paulo: Companhia das Letras, 1998.

SOLNON, Jean-François. *Catherine de Médicis.* Paris: Perrin, 2009.

SOLNON, Jean-François. *Histoire de Versailles.* Paris: Perrin, 2003.

SOUBLIN, Jean. *D. Pedro II:* memórias imaginárias do último imperador. Rio de Janeiro: Paz e Terra, 1996.

STAËL, Madame de. *Dix années d'exil*. Paris: Éditions Fayard, 2012.

STUART, Andrea. *The rose of Martinique:* a life of Napoleon's Josephine. New York: Grove Press, 2003.

SULLIVAN, Rosemary. *Villa Air-Bel – 1940*: o refúgio da intelectualidade europeia durante a Segunda Guerra Mundial. Rio de Janeiro: Rocco, 2008.

THOMAS, Chantal. *Farewell, my queen*. New York: George Braziller Publisher, 2003.

THORAVAL, Anne. *Promenades sur les lieux de l'histoire*: d'Henri IV à Mai 68, les rues de Paris racontent l'histoire de France. Paris: Éditions Parigramme, 2004.

VIRCONDELET, Alain. *Le Paris de Duras*. Paris: Éditions Alexandrines, 2015.

WALCH, Agnès. *Duel pour un roi:* Mme de Montespan contre Mme de Maintenon. Paris: Éditions Tallandier, 2019.

WINOCK, Michel. *La Belle Époque*. Paris: Éditions Perrin, 2003.

ZWEIG, Stefan. *Marie Antoinette:* the portrait of an average woman. New York: Atrium Press, 1984.